说话
体现格局，
决定结局

凌 岚——著

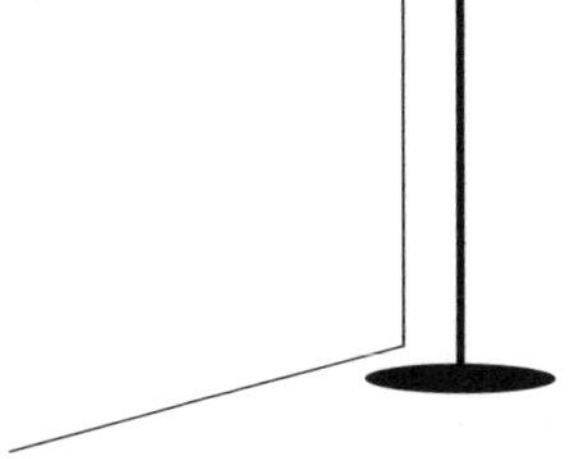

长江出版传媒 湖北科学技术出版社

说话体现格局，决定结局

图书在版编目（CIP）数据

说话体现格局，决定结局 / 凌岚著. -- 武汉 : 湖北科学技术出版社，2019.4

ISBN 978-7-5706-0627-6

Ⅰ. ①说… Ⅱ. ①凌… Ⅲ. ①语言艺术－通俗读物 Ⅳ. ① H019-49

中国版本图书馆 CIP 数据核字（2019）第 043321 号

责任编辑：李　佳

封面设计：胡　博　阿鬼设计

出版发行：湖北科学技术出版社

www.hbstp.com.cn

地　　址：武汉市雄楚大街 268 号出版文化城 B 座 13-14 层

电　　话：027-87679468

邮　　编：430070

印　　刷：天津旭非印刷有限公司

邮　　编：301800

印　　张：8

字　　数：145 千字

开　　本：1/32

版　　次：2019 年 4 月第 1 版

印　　次：2019 年 4 月第 1 次印刷

定　　价：42.80 元

在好好说话这件事上，你的内在格局远比性格与情商更重要。

前言

在人际交往中，情商这个概念越来越受到人们的重视和追捧。大众普遍认为，情商的高低，决定了一个人能不能好好说话，能不能妥善处理人情往来。

不可否认，情商确实对每个人都非常重要，由于它可以通过后天培养得到提高，所以很多人愿意为此付出努力。

但是，就说话水平和口才能力而言，情商起到的作用其实被我们高估了。很多时候，情商提高了，可能让我们变得有些功利、世故，反而不利于我们扩展人际关系。

这是因为，情商只是一种处世手段，它与我们的为人并没有直接联系。如果我们只注重手段，而不加强修养，就不可能真正得到别人的认可和尊重，即便建立了人际网络，也会失去其内在的意义和价值。

举个简单的例子：一个口才平平的人通过情商训练变得能

说会道，但他将这种能力用在了说场面话、假意应酬、博取关注等事情上，而不是凭借真诚、热情、善良等优秀品质去打动别人，试想，他能被别人接纳吗？恐怕不能！这也是那些巧言善辩的人可能会令人反感的原因。

那如何才能成为一个社交高手呢？这就要求我们必须提升自身的另一种强大潜能——格局。

格局指的是一个人在眼界、胸襟、胆识等方面的内在布局。它也可以通过后天培养得到提升，本书主要讲述的是它与说话能力之间的联系。

1.高格局的人，能轻松实现高难度沟通。任何沟通，都需要频繁互动。有问，就有答；有说，就有听；有主动，就有被动……一个有格局的人，会对自己说的话负责，而且懂得倾听，懂得换位思考，懂得亦庄亦谐，因此，无论面对多么有难度的沟通，他都能轻松应对。

2.高格局的人，能采用非暴力沟通。每个人都有心情不好的时候，但有格局的人，绝不会对他人施加语言暴力。遇到挑衅时，不让愤怒控制理智；遇到冲突时，不逞口舌之快；遇到误解时，不咄咄逼人……这并不是软弱，而是胸襟。

3.高格局的人，能精准表达自己的意愿。有些人习惯唯唯诺诺，低声下气，主要原因是他们没有格局，以至于缺少主见，无法表达自己的意愿，只能依附于别人。提高格局，能让我们更有自信，更有魄力，在任何场合都不怯场。

4.高格局的人，能包容也能拒绝。对于别人的无心之过，高格局的人会一笑而过；对于别人的无理要求，高格局的人会巧妙拒绝。高格局意味着认知能力很强，在社交中能分清什么是求助，什么是套路，从而进行妥善处理。

5.高格局的人，能从容调整交谈的氛围。尴尬地聊天，气氛陷入冰点，有格局的人绝不会让这样的事情发生，因为他们在聊天之前，就已经洞悉可能发生的各种状况，所以能从容调整氛围，把控节奏。

6.高格局的人，能在话语中展现魅力。一个人有什么样的格局，就会说什么样的话。高格局的人，一言一语都显得睿智、得体、大方、亲切、真诚。如此多的优点，自然魅力四射，让别人愿意和他说话，愿意听他说话。

生活中，我们所做的每件事几乎都离不开沟通，提高说话水平和口才能力，是成为高效率人士的关键。但我们必须具备一个前提，那就是高格局。

本书将按照以上6个方面，着重讲述格局在沟通中的应用，让每一位读者都获得实用的技巧，从而获得人际上的成功。

目录

Part 1

‖ 高难度沟通：格局低的人，情商再高也无法好好说话

Part 2

‖ 非暴力沟通：你不是脾气太坏，而是格局太小

Part 3

‖ 精准表达：一开口就让别人明白你的意愿

Part 4

‖ 拒绝要趁早：有些话不说出来，就会给自己添麻烦

Part 5

‖ 应变对答：在任何场合都能与任何人愉快地交谈

Part 6

‖ 格局口语：你说什么样的话，你就是什么样的人

Part 1

高难度沟通：

格局低的人，情商再高也无法好好说话

不想听别人说话，怎么能成为社交高手

情商这个词，我们再熟悉不过了。在我们的认知里，情商高的人与人相处时，绝对不可能冷场，更不可能把天聊“死”，他时刻都能找到话题，滔滔不绝地说下去。因此，我们总是羡慕、欣赏那些情商高的人，希望自己也能够像他们一样，成为聊天高手。

可是，我们忽略了一件事，单单会说话，并不能有效沟通。有说的一方，就有听的一方。情商高的人，确实能把话说得很漂亮，但对方是主动听你说，还是被迫忍受呢？如果是后者，那肯定无法实现高质量的交流。

可见，在说话这件事上，情商的高低，并不会彻底影响双

方谈话的质量。假设一个人情商虽然不够高，但他能清楚认识到自己的格局，喜欢倾听别人说话，而不是大放厥词，相信别人也是愿意跟他交流的。

有格局的人，即便不擅长说话，但如果懂得倾听，懂得在关键时刻进行回应，一样能跟别人达成高质量谈话。

倾听并非像我们以为的那样，一个人在单纯地用耳朵听，另一个人在不停地用嘴说。倾听需要全身心地投入，感受对方在谈话过程中表达的言语信息和非言语信息。

然而，我们最常见的是唠唠叨叨、说个不停的人，或者咄咄逼人的人。

为什么安安静静坐下来听别人说话的人很少呢？这其中最大的原因就是，我们总是偏爱那些能说会道、看似情商高的人，却忽略那些沉默寡言的人。在大部分人的认知里，能说会道的人都是精明的，比如，在招聘时，很多面试官都会看重面试者的说话能力。

现在看来，能说会道的人虽然受人偏爱，但是懂得在适当的场合保持沉默的人更容易受到别人的尊重和欢迎。在一个大家都议论纷纷的场合，懂得倾听的人会更有格局，能意识到认真听别人说话比自己说个不停，更能彰显自己的情商。

李婉茹是一个非常安静的女子，她跟别人交谈时喜欢听别人说，自己却不怎么说话。令人意外的是，李婉茹有很多善于交际的好朋友，这也让不熟悉李婉茹的人感到非常不理解。其实，原因很简单，她非常善于倾听。

有一次，李婉茹受邀参加一个关于动物保护研究的宴会。会上有很多人都热爱动物，而且对动物保护方面的问题都有一定的研究。李婉茹对这方面了解得并不多，但是她非常感兴趣，所以当那些人侃侃而谈时，她一直在认真地倾听，偶尔发表一下自己的见解。等到宴会结束后，李婉茹收到了好几个人的邀请，请她参加下一次聚会，甚至还有人夸赞她是一个“极富鼓励性”的人，是一个优雅的女人。

在动物保护方面，李婉茹是一个知识非常匮乏的人，在宴会上没怎么讲话。但是，就因为她懂得倾听，很多人愿意和她做朋友。由此，我们知道，会说话的人固然受人欢迎，但有的时候，懂得倾听的人会更受人喜爱。

现今社会，懂得倾听的人越来越少了。很多人都在参加各种演讲补习班和线上的付费口才培训课，希望自己变得越来越能说，希望凭借自己的“三寸不烂之舌”让生活越来越好。

当我们与人交谈时，一般都会“恭维”别人一番，但有的时候，与“说”相比，人们更需要的往往是“听”。对一些人而言，倾听，才是对他们最好的“恭维”。

如果有人在仔细地、安静地听我们讲话，一直对我们的讲话保持着浓厚的兴趣，我们才有更大的动力维持这场谈话。

雷哥是一个能说会道的人，他随机应变的能力经常让旁人为之折服。但很不幸的是，雷哥的朋友非常少，他自己也非常困惑。后来，经过别人仔细分析，雷哥才发现，导致他没有朋友的最大原因竟然是自己“太能说”。

确实是这样，雷哥随便拉个人都能说上大半天，他太能说了，经常是一说话就“刹不住车”，自己一个人说个不停，别人却没办法插嘴。

此外，雷哥虽然能说，但说的都是一些虚无缥缈的废话，别人听了半天也没有从中收获到什么，还浪费了时间。长此以往，自然就没有人愿意听他讲话了。

生活中，有一群像雷哥这样的人，他们在讲话的时候，并不关心听众是否喜欢、听众是否对这个话题感兴趣。他们只是一味地在讲自己感兴趣的事，或者完全依靠自己的思维方式来表达，发泄自己想要说话的欲望。整个过程，始终是他一个人在说话，这当然是社交大忌。

在一家报社做记者的马先生，曾采访过很多知名人士。每次采访完这些名人之后，他都能与之成为朋友。如果问马先生有什么秘诀，得到的答案很简单，就是认真地听他们讲话。马先生说：“现在，很多人之所以不能给人留下好印象，就是因为他们不懂得倾听。一些名人曾经告诉我，他们不太喜欢滔滔不绝的人。可生活中偏偏就是有些人，不明白这个道理，总是拼命地想表达自己，而不给他人讲话的机会。让他们听别人讲话，简直是太难了。”

可见，我们要想让自己成为受欢迎的人，除了懂得说话的技巧外，还应该学会倾听。

倾听是一门艺术，它不只是简单的听与不听。倾听者对于谈话所投入的精力，并不比说话者少。当别人滔滔不绝地讲话时，你要认真倾听，还要不时地做出积极的回应，表现出你的喜欢和尊重。

你可能会问："如何才能成为一个好听众呢？"建议你从以下几点学习：

1.全神贯注地倾听别人讲话。当别人跟我们讲话时，我们要注视着对方的眼睛，停下手里的一切事情。不然，对方会觉得你根本不乐意听，也不尊重他。这个倾听原则，适用于任何一种沟通，哪怕说话者的地位比你低，年龄比你小。

2.适当的时候给予回应。沟通交流时，如果你从头到尾一句话都不说，会让人觉得很死板，气氛也不融洽。适当的时候，你要回应一下对方，哪怕只是简单的"是""结果呢""怎么样"等。如此一来，对方就知道你在认真听他讲话，他会更愿意说下去。

若是没有听清楚，不妨问一下，不要以为这样对方会不高兴，其实这恰恰表明你很关心他的话题。当然，在提问的时候，千万不要乘机抢过对方的话题，这样会引起对方的反感。除非，对方的话已经讲完，你才能接过话茬。

3.不要轻易打断对方的话。听别人讲话时，就算对方有地方说得不对，也不要立刻打断他的话，纠正他的错误，更不要露出轻蔑的神情，否则很容易伤害到对方的自尊心。哪怕你不喜欢对方谈论的话题，也不能直接打断。适当的时候，巧妙地引出另外一个你们彼此都喜欢的话题，这样做会显得更得体。

掌握了这些要领，你才能成为一个出色的倾听者。当你学会了认真倾听，对方会觉得你很亲切、善解人意。这对于每一个想要给对方留下好印象的人而言，都是必不可少的沟通技巧。

最后强调一下，在需要沟通的场合，倾听能显示出你的格局，与其让别人觉得你是一个能说话、情商高的人，不如让他觉得你是一个有格局、心胸宽的人。

打招呼这件小事，在社交中很重要

跟别人相遇，连个招呼都懒得打，这样的人能成为社交高手吗？肯定不能。打招呼这件事，与情商高低没有关系，即便再内向、再木讷的人，也一样可以轻松地跟别人打招呼。

不屑跟别人打招呼的人，只能说明他格局比较低，要么目空一切，要么心胸狭隘。如果你想成为社交高手，就不要顾虑自己口才不够好，不如先从打招呼练起。

打招呼看似是件小事，但能够在短时间内向别人展示出很多重要的东西，比如个人修养、文化素质、说话习惯等。打一个得体的招呼，可以给人留下非常美好的印象，它就像是在沟通中加入了润滑剂，满足了人们的亲近心理。

打招呼时，不必拘泥一种形式。你可以向对方问好，也可以赞美对方，还可以在见面时聊聊天气或其他的事。你要知道的是，形式并不重要，重要的是打招呼时的态度。

有人经过研究得出结论，人际关系行为模式中有一条规律：一方表现出的消极行为，会引起另一方相应的消极行为；一方表现出的积极行为，会引起另一方相应的积极行为。这不难理解，每个人都希望在交往中得到他人的尊重。见面时，彼此热情地打个招呼，关系自然就显得更亲近一些。如果两人中有一方高傲自大，对人不理不睬，另一个人可能就会心生厌恶。毕竟，谁也不喜欢傲慢无礼的人，高傲的姿态很容易诱发对方的敌视情绪。

下面以甲、乙两人相遇时打招呼为例，详细地说明一下。

甲："你好！很久没见了。"

乙："是啊，好久不见。最近很忙吧？"

甲："确实。事情很多，你怎么样？"

乙："我也一样。你这是要到哪儿去呢？"

甲："我要到超市买点日用品。你呢？"

乙："去看望一个朋友，今天是他的生日。那你忙着，我先走了。再见！"

甲："再见！"

两人表现得都很热情，且礼貌得体。彼此问候一下，给对方留下了好印象。这份好印象，直接影响着他们日后的关系。假如见面时一方表现得很热情，而另一方很冷淡，那么这种美好的关系就会被破坏。

甲：“你好！好长时间没有见到你了。”

乙：“是的。”

甲：“最近忙吧？”

乙：“不太忙。”

甲：“到哪里去呢？”

乙：“超市。”

甲：“再见！”

乙：“再见！”

很显然，甲对乙的态度很主动，也很热情，可乙却表现得很被动，很冷淡。甲的热情没有得到相应的回报，就会对乙的冷淡和不礼貌心存不满，下次再见面的时候，他就不会这么积极主动了。久而久之，两个人的关系就会越来越疏远。

再来说一个现实生活中的例子。

晓旭最近买了一套属于自己的新房，兴奋之情常常溢于言表。

有一天，晓旭刚进电梯间，心中的兴奋就减了一半。闷热的电梯间被一张破旧的桌子占去了一半，桌子后面坐着一位冷面的电梯员。看着这张冰冷的面孔，晓旭的心情顿时低落下来。

电梯员冷冷地问：“几层？”

晓旭按捺住心中的不悦，朝电梯员笑了一下，说：“阿姨，我到7层，这么热的电梯间，您工作肯定很辛苦吧！”

电梯员脸上也露出了笑容：“可不是吗？这么小的一个地

方，就这么一个电扇，一待就是6小时……小伙子，7层到了。”

电梯员的这声提醒，让晓旭的心情好了起来。瞬间的改变，使晓旭感到：一声问候，加上一个微笑，简直就是一股可以融掉冰川的暖流。

从这之后，晓旭每次乘电梯，电梯员都会主动跟他打招呼，聊的话题也更多了。

有一次，晓旭要装修新房，他跟装修工拿着木料进电梯，一比划，木料还真进不去。电梯员看见是晓旭，就说：“来，来，来，把我的桌子抬出去，把木料一斜不就进来了吗？”

果不其然，木料很快就运送完了。楼上的邻居问晓旭：“你的木料是怎么运上来的？”

晓旭说：“当然是用电梯了，走楼梯的话还不得累死？”

“啊？同样的装修木料，我们装修的时候，电梯员就说木材太长，电梯里放不下，怕损害电梯，让我们必须走楼梯，我们这些木材就是这么走楼梯一层一层扛上来的。”

晓旭没有说什么，因为他知道是怎么回事。他用打招呼的方式增进了跟电梯员之间的感情，电梯员在条件允许的情况下给了他方便。

打招呼是一件轻而易举的事，它能让别人感受到温暖。早晨上班前，给家人打个招呼，他们就会在幸福中盼望你早点归来；上班时，对门卫打个招呼，他们会还你一个欣赏和尊敬的问候；每天遇到同事时，打个招呼，你的人缘就会更好；餐厅吃饭时，朝服务员打个招呼，他们会更热情地为你服务。

生活的节奏变得越来越快，人们为自己的事已经忙得焦头烂额了，很少有闲暇关心别人的事。但是在这种情况下，每个人的心中都需要他人的理解和关怀，此时，给他们打个招呼，他们就会用热情来回报你。

打招呼虽然是小事，但也有学问，这里有几条建议，你不妨当作参考：

1.拿出你的热情，展露积极的姿态。遇到他人时，不管你的心情怎样，都要迅速调整好自己的情绪，进入一种友好的状态中，主动与对方打招呼，让对方从你的言语和神情中，感受到真诚与热情，感受到你对他们的重视。

2.与对方打招呼时，一定要看着对方。如果你在说话时漫不经心，顾左右而言他，别人会觉得你只是在敷衍，心里会很不舒服。

3.打招呼时选择恰当的话题。有研究者指出，和陌生人见面的5分钟内，最好只进行一般问候，谈论一些无关紧要的话题。就算是熟人之间，比如老同学、老朋友，打招呼时也要选择恰当的话题，有时只需要一句话，甚至一个眼神、一个微笑、一个手势就行。与陌生人打招呼，往往有两三个问答往复就行了，没必要问得太多。否则，会给人一种“别有用心”的感觉。

打招呼的能力每个人都具备，主动一点，付出真心与热情，别人才更愿意与你交往。

摆着冷漠脸，没人愿意跟你热情交流

你有什么样的格局，就会有什么样的态度。当你期待一个温暖和谐的世界时，首先要保证自己内心的温暖和谐；当你期待他人善意的微笑时，首先要让内心的善良和笑意充满自己的眼睛。还记得寓言故事中那个对着空谷喊话的孩子吗？你礼貌相待，空谷里的回声便同样礼貌地向你问候致意；你恶语相向，空谷里的回声也会用最尖刻伤人的语言报复你。

你热情，世界才会报以热情；你给他人带来幸福快乐，他人才有可能用善意的支持和无私的帮助来回应你。

初夏时节，王倩换了份新工作，为了上下班方便，她搬进了距公司不远的一个豪华国际公寓。这个住处租金高，但环境很好，不像她原来租住的旧小区，楼下过道旁边都是居民们私搭乱建的违章建筑，地砖都碎了，路面也不平，七扭八歪地停几辆汽车，小区院子就满了。

这个国际公寓楼下的院子虽然不大，但种了很多大树，还有草坪花园、喷泉水池、亭台楼阁，彰显着优雅高贵的格调，让王倩十分喜欢。唯一美中不足的，就是这个高档小区的住户关系不像原来那个小区那么融洽，好像邻里之间一点儿也不热情，不知是不是王倩的错觉，感觉住户都挺冷淡的，不爱理人。

王倩在这里住了一个多月，她跟邻居碰过几次面，却连个正式的招呼也没打过。

时间就这样一天天过去，王倩逐渐融入了新公司，也习惯了自己的新家，就是跟邻里之间的关系还是冷冷的，让她心里不太舒服。

一天早晨，王倩恰好跟邻居老夫妇一起出门，她莫名地有点紧张，那老爷子看上去面目和善，有点像之前那个小区的陈大爷。要说陈大爷可是远近有名的热心肠，冬天包了大白菜饺子还会敲开她和舍友的家门给送上一碗来。但是这位“某大爷”不仅不理人，连看都不看她一眼，闷头锁了门就走了，等电梯时又碰了面，还是各自低头，王倩觉得尴尬，只得拿起手机胡乱浏览着微博。

到了公司，王倩对同事张姐吐槽早晨的尴尬遭遇，她有些自嘲又有些讽刺地说：“那个小区的房价有多贵咱又不是不知道，买得起住得起的都是有钱人，有钱人才不屑跟我这样的小租户打招呼呢，要说这小区房子是好，就是没有人情味儿，人跟人之间那么冷漠，哎哟，住得我都压抑死了，那帮邻居真是不好相处。”

张姐听她这么说，笑着给她出主意：“你要不试试主动跟邻居打个招呼？咱们倩倩气质冷艳高贵的，人家没准只是不好意思先跟你说话呢。”

王倩嘴上说“张姐你净拿我开玩笑”，心里却有了想法，她回忆起来自己确实没主动对新邻居们示好过。与其每天感觉尴尬、心情压抑，不如试试“主动出击”，也许一切就会有改善呢？

第二天一大早，王倩屏住气盯着自家门上的“猫眼”，看见邻居开了门，赶紧也开门出去，装作偶然遇到，但这次她没有低头摆弄手机，也没有匆匆避开视线，而是咧开嘴笑着对邻居老夫妇说了声：“大爷大妈您二位早！我是新搬来的，我叫王倩！”

让她意想不到的事情就这样顺理成章地发生了——邻居也十分友善地对她笑，从门口到电梯里一路闲聊，还邀请她没事到家里来坐坐。王倩像中了大奖一样欢欣鼓舞，下了电梯与两位老人分开，她眉开眼笑地往公司走，一路上看见小区里的邻居、保安、保洁工，都大大方方地说一句“您早”。大家也都报以微笑，一个坐在儿童车里的小朋友还朝着她拍手，咯咯地笑，这让王倩开心极了，整个人也都精神多了。

到了公司，王倩忙不迭地对张姐描述了早晨的经历，张姐说："你看，之前都是你自己瞎想了吧？人跟人的关系就像一面镜子，又像山谷回声，你以无声对待他人，他人便还给你冷漠寂静；你以热情对待世界，世界会还给你更多热情。不仅是对新小区的邻居们，以后你对其他人也试试，这个复制快乐的秘籍可灵了。"

可能是中华传统文化中内敛、羞涩的部分在作怪，主动对陌生人微笑的小举动在我们看来很难很难，像王倩这样苦于人际关系冷漠又不敢先表达友善的人，可能在心里百转千回地琢磨着——突然向人家示好，会不会太唐突了？会不会被当成"神经病"？会不会被理解为有什么不良企图？会不会遭遇冷眼……如此纠结，可能幻想过很多次先开口问声好，最后还是默默低着头擦身而过。久而久之，也就习惯了对周遭的人视而不见，陌生的人依旧是陌生的。

永远不要把别人的冷漠当成自己缄默的理由，少想那些"别人可能会觉得我……"之类的事情，我们的目标是让自己成为更好、更幸福的人，哪怕再三被他人的冷漠刺痛，只要坚持微笑，总能收获温暖的回应。善意相通时，整个人都像被微风拂过，那种美好的体验会让你感觉一切努力和坚持都是值得的。

勇敢踏出友善热情的第一步，你要知道：

1.对别人好，不丢人，越是强大的人，越不怕主宰自己与他人的关系。

2.如果想到被拒绝会很尴尬，那就先对处在困境中的人施以援手，只有那样做了之后，你才能明白他们有多需要你的帮助，从中获得的满足感会激励你更进一步。

3.对还不是很熟络的邻居、同事、快递小哥、保洁人员、餐厅服务员、停车场收费员……点头微笑，赞美这些抬头不见低头见或为你服务的人，哪怕只是一句“您好”。

对自己说的话不负责，别人当然不想听

随便找一份招聘启事，就可以看见一个最基本的要求：认真负责；随便找一份自荐书，也会看到一个最常用的自我评价：认真负责。

可能因为说得太多，听得太多，这四个字的真实意义似乎已经变得非常模糊了，所以很多人在社交中都忘记了对自己说的话负责。

要知道，任何一个有格局的人，首先应该是一个有责任心的人。如果一个人总是习惯推卸责任，那么他说的话就没有任何分量，也就无法获得别人的认可。

王磊是某文化公司的新编辑，他入职之后，很喜欢问问题，可惜不到一周，领导就发现他“好问”不是因为“勤学”，而是……

“写一篇这样的文章行不行？”“做一个这样的选题行不行？”“这样改行不行？”……如果领导不表现出任何反感，王磊就会把工作中的所有问题都让领导替他解决；如果领导提出具体操作细节上的一些错误，他会立即说：“你以前说……而你现在又说……”

领导自然明白王磊的用意：他并不是不知道该怎么做，只是不愿意承担责任而已。

于是领导后来就反问他：“你觉得行不行？”

“行。”

“为什么？”

“因为……”王磊支吾了半天，一句话也没说到点子上。

“你的工作，你自己应该先考虑清楚，如果所有的事情都由我来决定，那公司招聘你来干吗？”在领导的观念中，优秀的员工会不断地在实践中摸索提高效率的方法，而王磊却没有这个能力；相反，他在另外一方面充分发挥了自己的“聪明才智”——推卸责任。可惜他不明白，这种招数等于告诉别人：“我很愚蠢！我很无能！千万别把工作任务交给我，我可担不起这个责任！”

不能向上级推卸责任了。怎么办？王磊早就有一整套方案。

有一次，王磊交上来一篇稿子。领导浏览了一下，发现了一个技术性错误，于是把王磊叫过来问是怎么回事。

领导本来并没有什么责备的意思，因为新人在开始工作之后很长一段时间内，都会不断地出现各种错误。领导的职责之一，就是帮助他们纠正错误。但是，王磊的回答却让领导注意到了更深层的问题。

“作者就是这样写的，我又不懂，哪知道他这个有问题？”

“那这篇稿子是谁初审的？”

“我。”

“初审要求达到什么标准？是否允许出现技术性错误？”

“……”

“那现在出了技术性错误，是谁的责任？”

“那个作者写成这样的，我根本不知道这个……”

“你的意思是说，这是作者的责任，我应该去找作者？”

“嗯。”

“好，这是作者出了错，我应该去找他。不过我想请问你一下：既然我已经跟作者直接沟通了，你所做的初审又不能保证稿件的质量，那么编辑部何必聘你来做编辑呢？”

如果某种习惯是一个人二十多年来养成的，那么要在三个月之内改变，可能性确实不大。那些根深蒂固的思维、行为方式，经过王磊的“聪明才智”加工，总是能以各种巧妙的方法被应用到各种地方。

王磊的最后一项工作任务是参加并报道一个会议。结果，三天下来，他连一篇报道都没写好。

领导知道情况后，赶紧打电话给王磊，询问是怎么回事，得到的回答甚是精妙："会场周围没有网吧，我拍的照片、写的新闻稿都没法发回公司。"而事实是，为了这次会议，公司已经准备了两个多月。会场没有灯光，没有讲台，没有桌椅，没有音响，没有宣传品……这些问题都由其他的工作小组解决了。而王磊，这位独当一面、负责现场新闻报道的编辑却在跟领导抱怨没有网吧。

解决问题，补救漏洞是当务之急。领导告诉王磊马上在家上网，把新闻稿和照片都发布了。第二天领导来到公司，上网一看，新闻只有三篇，照片只有两幅。

王磊的解释是："那破相机老没电。"

不怪上级，不怪下级，当然更不能怪自己！嗯，那都是"月亮惹的祸"！上天安排的，没有网吧，相机没电，他有什么办法？

王磊也许就这样想着，于是在他还这样想着的时候，他被解聘了……

这就是职场中的伪聪明，要避免成为王磊这样的人，不妨从以下几点入手：

1.过多地揣测他人，甚至张扬、卖弄，不仅会让人觉得你不靠谱，还会让人产生反感情绪和戒心，不利于你职场人际关系的发展。

2.对自己的言行负全责，不要无所顾忌地对自己不甚了解的事情夸夸其谈。应全面了解事物的各个方面，抓住事物的本质，有理有据地发表看法。

3.只有在被问到时才提出建议。不要随意自告奋勇，不要胡乱提出问题并指明不适之处，只需提出积极的解决方法。

打动人心，要以换位思考的方式说话

只为自己考虑，不为他人着想，这样的人格局是很低的。在人际交往中，格局高的人都懂得将心比心，能够设身处地做换位思考，这是达成理解不可缺少的心理机制。

在世间行走，我们不仅要向内看到自己的需求，更要向外关注他人的感受，那不是一种奉献，更不是吃亏，而是对自己的保护和帮助——只有学会站在对方的立场体验和思考问题，才能在情感上得到沟通，减少矛盾分歧，奠定相互理解和接纳的基础，最终有利于问题的解决和目的的达成。

贾跃是一个热衷网购的时尚宅男，上网十余年，经历了中国网购从兴起到兴盛的整个发展过程。要是以他每月的成交量和消费量来看，他绝对算得上是中国几大网上商城的超级客户。

网购方便快捷，好处很多，但有时候也会遇到买不好的情况，退换货操作起来比较麻烦。随着网商的运营越来越成熟，越来越专业化，对消费者的保障日趋完善，连退换货也不再是什么难事，唯一困扰贾跃这种“铁杆网购狂”的问题就是快递不够快了。加上贾跃他们家的情况有点特殊——他家位于一个老旧小区的板式居民楼里，小楼一共6层，他家住顶层，因为是比较老旧的建筑，楼层也不高，当初设计时就没有装电梯。这也是贾跃偏爱网购的一个重要原因，6层说高不高，但扛着大包小包往上爬可不轻松。

自从网络上也有了超市，贾跃的购物范围又拓宽了，柴、米、油、盐、酱、醋、茶，什么都在网上买，特别是瓶装饮用水、果汁饮料和啤酒，以往都是从超市零散地买，现在网上买整箱还有折扣，可把他乐坏了。尤其是到了夏天这个需要大量饮品的季节，他鼠标轻轻一点，坐在家里就能等着吃的喝的上门，当天下单，次日到货，又快又省心。

但是这样买了几次之后，贾跃注意到给他们家送货的快递小哥态度越来越差了，之前还笑呵呵地让他签收，后来把东西狠狠撂下，话都不多说一句，脸上明显有不高兴的表情。

虽说贾跃买的是商品，不是快递员的笑脸，但送快递的每次都跟有深仇大恨一样对他，让他非常不自在，为此他还打了售后服务电话投诉那位快递员，快递公司对快递员进行了调换。

那人第一次给贾跃送货，就口气不善地对他说："你们这儿没有电梯，干吗一次买这么多东西，你这一单我们送上来只能挣3块钱，要不你拆成几单买，让我们也赚一些，真快累死了。"

贾跃嘴上哼哼哈哈地应承着，心里却暗想："多下几单？我要不凑够了一定钱数就不能享受满额折扣，要不是为了凑单得实惠，我还不至于买这么多呢，管你送货赚多少钱，你就是干这行的，还不想受累搬东西，有本事别送快递啊。"

贾跃一如既往地在网上成箱买啤酒、饮料，跟快递员之间的不愉快时时惹他不爽，却也只能忍着，直到有一天，贾跃自己做了一回"快递员"，才彻底改变了他的想法和态度。

贾跃他们公司是私企，他是老板的助理，免不了在工作之外为老板做些私人事务。这天，老板从外面打电话给他，跟他说自己车里有些酒水饮料，让他赶紧开车给老板娘送过去，那边急着用。

贾跃拿着老板的车钥匙，开着车就到了老板家楼下，停好车打开后备厢，他可傻了眼，一箱可乐，一箱啤酒，还有红酒四瓶，橙汁、椰汁、酸枣汁两大兜，矿泉水两提。这样的量，基本赶上他每次网购的数量了，贾跃在老板娘的催促下搬着这一大堆东西往老板家走。因为东西太多，一次肯定拿不了，他只好先拿几样走几步，回来再搬几样，换着往前挪。

到了楼下他终于明白老板为什么支使他帮忙送一趟了，老板家这个楼的电梯停机检修，贾跃只能拖着东西爬到7层。他气喘吁吁地一层一层搬上去，汗湿了衬衫，手腕都快断了。

敲开老板家房门，老板娘穿个睡衣迎出来，又让他把东西都搬进屋里，轻描淡写一句“谢谢啊，你赶紧回去吧”，就关上了房门。

贾跃皱着眉头，一言不发地下楼开车，他不是因为老板娘的态度生气，而是想到了那些给自己家送货的快递员，他们脸上的表情，与其说是“态度恶劣”，不如说是对贾跃无声的埋怨。

己所不欲，勿施于人。酸痛的肩膀和满头大汗告诉他，他错了。虽然在买卖行为上挑不出毛病，但他的良心知道，自己不顾别人感受，还总耍脾气投诉快递员，简直是个讨厌的自私鬼。

换位思考，低层次要做到的就是一碗水端平，对人对己同一标准，不能一味地对别人高标准、严要求，甚至是苛求，只要一点不满足自己，不管人家是不是有困难有苦衷，就视作仇敌，不给好脸。高层次则是宽对人严对己，对别人做得不到位的事情，该提出来的就提出来，如果无伤大雅，则提都不用提；察觉到有什么隐情，还应主动帮助别人，广结善缘。

有时候一些觉得忍不了的事，在了解了前因后果之后，就变得很好理解了，别人为什么迟到？别人为什么说话不算数？别人为什么没有提供让你满意的服务或者商品？在发怒和指责之前，多问一句为什么，就能免去很多事后的麻烦和悔恨。

同一件事，如果换作你，处在对方的位置上，是不是就一定能做得比人家周到，是不是就能满足所有人的要求？如果不能，你又有什么理由揪着别人的言行不放，还总觉得自己吃了亏？

谁也没有逼你去体会他人的感受，但不会换位思考的人会被看作：

1. 自私鬼。在诸多性格上的缺点中，最让人难以忍受的就是这一点。某婚恋机构对6000位适婚年龄的单身男女进行的调查显示，婚恋对象性格特征中最不能被接受的一点就是自私自利，以自我为中心。自私的人走到哪里都不受欢迎。

2. 惹事精。明明是一两句话就能解决的事，最后发展成大吵大闹、大打出手，甚至闹出人命，因为只想到自己，不管别人怎么样，自认为被冒犯了，吃亏了，就要报复回来，那样的“混世魔王”，人人避之唯恐不及。

3. 受气包。因为对自己的感受太过关注，自己的所失所得都被无限放大，活在自己世界里的人很容易产生负面情绪波动，别人的死活他们不介意，他们的喜悲却要求别人放在心上，想想也知道不可能，所以总在难受，总在愤怒，迟早要憋出病来。

同样的问题，在你看来是小事，在别人看来可能就是大事，学会换位思考，是高格局的体现，更能让你在社交中给别人留下好印象。

明白对方的喜好，聊天会更有温度

如果你想拓宽自己的人际关系，首先要和别人聊得来，让别人觉得和你很投缘。即便是有选择性地打交道，你想与君子交朋友，不见得君子也愿意与你有交情。因此，打开话匣子才是最关键的。

刚进公司第一天，小欧就赶上了办公室聚餐。她怯生生地入了座，看到大家谈笑风生，也想融进去，因为只要和这些人搞好了关系，尤其是部门主管，那以后的日子就好过多了。

小欧先是不动声色地坐着，有人和她说话，她就微笑回应；有人给她敬酒，她就连忙站起来，爽快地喝，给足面子。

终于，过了一会儿，她打算主动出击，融入这个团体。

首先，她跟身边一个打扮时尚，似乎在部门里地位不一般的女同事打开了话题。她目不转睛地看着这位女同事说：“哇，李姐，你的妆化得超好的，超精致的。”

“是吗？呵呵，瞎化的。我看你化得也很不错啊。”

“哪里，和你差远了。你看我的眼睫毛，刷了跟没刷一样，白费工夫。我感觉你的刷出来比较浓密，关键还自然有型，也不知道是技术问题还是我用错了牌子，感觉老是刷不好睫毛。”

“可能两方面都有吧，一来是牌子，二来也要技术好，我这个牌子虽然是朋友送的，说是网购的国外品牌，但我觉得和我买的国内的一些牌子用着差不多。”

“那就是你的技术好了，给传授传授呗。要不我周一上班时，把化妆品拿过来，你帮我看看差了哪些，然后再教我一些技巧？这样会不会占用了你的休息时间啊？”

“这倒不会，我也是自己琢磨着来的。那行，周一我就传授你一些个人经验。”

于是，没一会儿工夫，两人就熟了。

坐在小欧另一边的小陈是办公室里为数不多的两个男性中长得比较有型的一个。此时只见他拿着一款数码相机，这里拍拍，那里拍拍，然后再时不时地自拍一下，很是爱拍。

于是，小欧便借此来打开话题。她说：“你喜欢电子产品吗？”

“还行吧，男人嘛，也就这点爱好。”大概是面对小欧的主动攀谈，对方显得有些不知所措。

“哦，我也喜欢这一类，我听说升级到第九版了，只是现在官方下载不下来，我身边的朋友也没有……”

“看来是个玩家啊，这个我有，回头我给你复制一份。”对方大概一听小欧也是个玩家，于是热情了起来。

“真的吗？那真是太感谢你了。”小欧个人倒是很少玩，只是平时常看自己的男朋友玩，所以也顺带着玩一玩。至于升级到哪一版了，也不是她常常关注，而是听男朋友偶尔提起来的。

正说话间，小欧隐隐地听到小陈旁边的那个女同事趴在主管的耳朵边上在说悄悄话，而且内容好像是在说自己，从一些不连贯的词语中，小欧理解的信息是，这个女同事在说自己这位新来的，又是研究化妆，又是爱打电玩，心思全没用在工作上，工作要是这么勤奋就好了。

而且坐这么远的自己都听到了，更何况是别人。小欧顿时有些气愤，自己没招她、没惹她，她怎么能这么在领导面前诋毁自己。小欧既想替自己辩驳，又不能辩驳，因为那岂不在告诉所有人，自己是个“偷听鬼”？

新进入一家公司，除了要认认真真地工作、谦卑虚心地学习，更要搞好同事间的关系，这有利于塑造和谐的工作气氛，更有利于自身的发展。

显然，小欧是深知这一点的。因此，她利用上班第一天就碰到的一场聚餐，努力融入群体中，从每个人身上寻找突破口。

看到身边的女同事爱化妆，她便主动向对方请教化妆技巧；看到身边的男同事爱电子产品，她便主动和对方聊起电子产品……这的确容易让人产生“投缘感”。

但为什么会有一个并不熟识的女同事要这么针对小欧呢？原因可能有以下几种：

第一，小欧广结善缘让那名女同事看不惯，感觉像是在“拉帮结派”，所以同事可能怕她日后在办公室混得太好，抢了自己的风头。

第二，触了“隐婚男女”的礁。很多公司都不允许发展办公室恋情，更有一些公司一旦发现便勒令开除其中一个甚至是全都开除，因此，为了“既谈恋爱，又不丢工作”，难免会有一些在办公室玩起了“潜伏”，表面装得像普通同事，下班后可能回的是一个家。

如果小欧主动攀谈的男同事小陈是针对她的女同事的男朋友甚至是老公的话，会出现这样的情况就更合理了。

综合来说，小欧的做法是值得学习的，尤其是从一些人表现出来的特征来对这个人进行评估，从而介入这个人的兴趣当中，这样自然让彼此之间“有话可聊”。

那么，遇到像小欧这样的情况，应该怎么做才能挽回局面呢？

绝对不要发火。这是处理问题的底线，在此基础上才能保持理智，有效地处理好问题。

保持微笑。这样一来，如果对方是因为那个男人的关系对自己不满也大可放心了，因为你表现出来的是想要一个一个地和同事尽快熟识的意愿与目的。

总的来说，当你以新人的身份融入一个团体时，需要注意以下两点：

1.不可表现得过于“博爱”，一会儿表现得和这个谈得来，一会儿表现得和那个谈得来，这样会使之前谈得来的朋友觉得“自己不是最受你重视，也不是你觉得最投缘的人”，因而对你的好感也会减弱。

2.对同性，热情要加倍；对异性，要适度，不可显得过于谄媚。

能力出众的人，首先表现在口才上

人际交往最重要的就是沟通。一个人沟通能力强，就能顺利建立良好的人际关系。职场中那些沟通能力强的人总是如鱼得水，办事游刃有余；而那些沟通能力差的人，却总是备受冷落，处处不顺。

不少人在刚参加工作的时候，总是幻想能够一鸣惊人，向所有人证明自己的能力。这种积极进取的心态是值得肯定的，但如果为了证明自己而忽略了同事之间必要的沟通，有可能会引起周围同事的反感，造成一些误会。丽丽的例子就是如此。

大学毕业之后，丽丽进入一家装修设计公司做设计员。公司对丽丽的能力很满意，对她在设计方面的天分给予了高度的肯定。但令人震惊的是，丽丽只工作了一个月就被公司辞退了。

面对怒火万分的丽丽，经理无奈地说："很抱歉，对于你这段时间在工作上的表现，我是非常满意的，但公司需要的不仅是一个出类拔萃的人，更需要一个出类拔萃的团队。你影响到了公司团队的整体性，所以我不得不辞退你。"

原来，丽丽在这段时间与同事相处得非常糟糕。虽然她是个新人，但仗着自己的天分和能力，总是表现得咄咄逼人。

每当公司主管召开员工会议时，丽丽就会用居高临下的语气发言，对所有人颐指气使，连主管的面子都不给，完全不理会别人的感受。她还常常因为一件设计作品与同事们吵个没完没了。虽然在工作上进行一些讨论没有坏处，但丽丽经常强迫别人听从她的观点。一段时间之后，所有人都对丽丽产生了不满。最后，经理只好炒了她的鱿鱼。

把自己的位置摆得过高，这就是丽丽所犯的最主要的错误。实际上，就算你能力再怎么出众，你毕竟只是个新人，是这个团队中的晚辈。相比其他人来讲，你的资历经验都还欠缺。因此，如果你刚刚步入职场，请选择平易近人的方式来与同事沟通交流，这样才能让你的人际关系越来越好。

那么，怎样才能进行有效沟通呢？你可以参照以下四点建议：

1.注意沟通态度。我们要始终保持谦虚友善的态度和人进行沟通。对他人表现出信任、尊重和喜爱，多站在对方的立场上思考，抑制自己的负面情绪，这都是实现有效交流的正确态度。在沟通中，摩擦往往在所难免，严重时可能会引起双方情绪失控。但沟通能力强的人却能做到“喜怒不形于色”，既不争论，也不发脾气，而是静静地等待时机，巧妙地把控局势，再适时进行反击。

2.注意讲话的方式。大多数职场中的人在认知上都存在一个很大的误区，即认为只有让自己的工作出色，才能在职场中获得成功，取得更高的职位和薪水。事实上，根本不是这样。

一切问题都是人与人之间的问题。一些身在职场的人可能会惊讶地发现，讲话的方式常常比讲话的内容更加重要。如果想让自己的计划博得领导的同意，那么计划不仅要很出色，还要让领导相信自己。反之作为领导，让下属努力工作的方法是去鼓励和建议他们，而不是去强迫和命令。下属们不会因为你多么出色而尊重你，除非你也对他们表现出尊重。

3.保持眼神的沟通。眼睛是人体最富于表现力的器官之一，正视对方的眼睛可以让自己显得自信、勇敢，而躲闪则是胆小怯懦、精力分散的表现。因此，在与客户谈判和签订合同的时候，眼神的交流显得尤为重要。此外，眼神交流对于女人来说，更是具备特别的意义，正如人们常说的那样：“女士们常常用眼神来补充她们对一个男子的看法。”“眉目传情”，这也算女性的一个优势吧！

4.及时回应对方。与别人沟通时，我们要不时地确认自己是否真正领会了对方的意思，是否对对方产生了误解，理解对方观点时是否戴着有色眼镜。另外，及时回应对方还能表示我们一直在认真倾听，是一种尊重他人的表现。

不善于沟通交流的人，往往会失去很多机会。所以，你一定要多思考如何沟通，在这方面不要吝啬，多花费一些精力。

别因为一点小摩擦就大吵大闹

只要是有人的地方，人际摩擦就在所难免。一个有格局的人，是很容易处理好人际摩擦的，他们会用一句“对不起”“不好意思”“给您添麻烦了”及时地表达自己无心争吵的善意，把激烈冲突发生的可能性降到最低。而一个格局低的人，则连最简单的道歉都不愿意说，很可能会把原本不值一提的小摩擦演变成大吵大闹。

董嫚租住的公寓有着很严格的管理规定，比如不能饲养大型烈性犬，不能在楼道里堆放私人物品，不能在休息时间进行扰民的装修施工，也不能在自己家里制造噪声。一旦有居民做出违反管理规约的事，其他业主就可以向物业进行举报和投诉，物业管理公司会派出专人前去协商解决。

对董嫚来说，这是件好事，因为她孤身一人在外，租住在这个人生地不熟的公寓楼，如果正常生活被某些邻居不文明的行为影响，她还真不敢单独找人家去说。有了物业的居中调解，很多事就不用她自己出面解决了，免去了很多尴尬。

但让董嫚没想到的是，这次被投诉的是她，理由是董嫚常把外出拖鞋脱在门口的地垫上，不拿进自己的房子。董嫚知道公寓管理规约中明文规定住户不可以把自家的私人物品堆放在楼道内，但她没想到一双小小的拖鞋放在门口能对其他邻居造成什么损害，这跟一般意义上的“堆放”也完全不是同一回事嘛。

她对物业工作人员解释了自己的想法，并要求物业提供投诉人的信息。想来会因为拖鞋问题投诉自己的，也就是对门了，既然是住得这么近的邻居，有什么话当面说就好，还向物业投诉，真让董嫚有点别扭。

物业人员实地察看了董嫚家门口的情况，一张卡通造型的地垫，上面放着一双人字拖，由于董嫚住的房子在楼道尽头，也不会有什么人途经，不可能影响通行。经过讨论，物业人员觉得董嫚的说法有道理，管理制度虽严，也不能不近人情，最后这件事就以保持原状作为处理结果，投诉的邻居那边由物业负责说明情况。

过了两天，董嫚又接到物业的电话，跟她商量还是把拖鞋拿进屋里去，因为邻居又投诉了，说这严重影响了对门邻居的正常生活，必须立刻收起来，要不对方就要帮她处理掉。这真是让好脾气的董嫚哭笑不得，虽然将拖鞋拿进屋对她来说并不费劲，但是有种被胁迫的感觉。她思索再三，决定主动去对门问问情况，看这里面是不是有什么误会。

敲开对门邻居的家门，开门的是一个瘦小的老太太，她打开一条门缝，问董嫚："你是谁？有什么事情？"董嫚迎着她满怀敌意的眼神，微笑着说："大妈您好，我是住在对门的邻居，您叫我小董就行。是这样，我接到物业电话，说我把拖鞋放在门口影响了您的生活，惹您生气了，我这不是来给您道歉来了么。"

听她这么说，对方一下就明白了，但仍旧没有把门打开，从门缝处对她说："你们年轻人不在意，老人都知道的，开门见鞋子不好的呀，我每天开门都会看见你的鞋，身体都不好了呀，你快收起来吧，要不然我要在门框上挂镜子了。"说完这话，她满脸恳切地看着董嫚，这下董嫚明白了，这位老太太迷信，觉得自己把拖鞋放在门头，导致她"开门见邪（鞋）"，会影响身体健康和时运。

想到这里，董嫚继续笑着说："看您说的，我收，我这就收，我们小年轻不懂事，您千万别往心里去，给您添麻烦了，实在是对不住，您莫怪罪！"老太太看她笑呵呵答应了，有些意外，紧绷的表情终于放松下来，敌意没了，她笑着连说谢谢，然后关上了门。董嫚转身走到家门口，拎起自己的小拖鞋，笑嘻嘻地回了屋，这事就算圆满解决了。

面对莫名其妙的投诉，董嫚可以有很多应对的选择：继续坚持把拖鞋放在门口，事理上完全说得通，在物业的支持下据理力争的话，跟对方大吵一架，也不是全无获胜的可能，尽管以后邻居就成了仇人，她可以关上门不在乎；虽然收起拖鞋，但是跟对方讲理，心中的不爽一定要发泄出来，就算是吵上一架，也要让他们知道自己不是好欺负的，做出让步是自己的素质高，可不是怕了谁；或者把自己的拖鞋收进屋，一声不响地关起门来生闷气。

但是董嫚选择了不逃避也不发怒，她笑着敲开了邻居的家门，笑着听完了邻居迷信的理由，又笑着收起了自己的拖鞋，事情解决了，她的让步做得心安，不觉得吃了多大亏，也没有憋着什么负面情绪，可以说这件事根本就没有破坏她的好心情。远亲不如近邻，以和为贵的道理我们都懂，不理智的愤怒只会让你四处树敌，最后把战火烧到家门口。

人际摩擦在所难免，面对矛盾的岔路口，下列应对策略才是理智的：

1.不愤怒。生气解决不了任何事，发怒不是处理问题应有的态度，有什么话都要和风细雨地慢慢说，带着敌意只会把好事搞砸。

2.不逃避。矛盾就在那里，你假装没看见它，它也不会自动消失。如果心里不服，忍气吞声只会让你更难受，如果对方找上门来，你却一声不吭，冷漠的态度更容易激化矛盾。

3.学会使用致谢和道歉的语句。笑着说出它们，开始时可能会有些不好意思，会觉得尴尬，多加练习，这些简单的语言就能帮你变成更好、更快乐的人。

逞一时口舌之快只会让他人不愉快

生活中，有很多人为了一时的口舌之快，总是说出一些让自己舒坦却伤害了别人的话，也因此给自己带来了一些不必要的烦恼和困惑，到头来还会感到莫名其妙：“我就是随意的一句话，别人为什么那么生气呢？有那么严重吗？”

当然严重！对于别人说的话，无论是曲解还是正解，全都是听者之意。由此，才有哲人指出：“人们在说话时应当注意措辞，做到慎言，否则就会让别人误解自己的意思。”

杨寒是办公室新来的职员，除了他之外，别人都是老员工，吃饭、逛街通常是集体出动。为此，杨寒希望自己能够快速融入这个集体中。

刚来的那几天，杨寒并没有主动跟他们说话，只是在听他们说。从他们的谈话中，杨寒知道有个老员工要过生日了，他们最近正在商议着一起去KTV唱歌，询问谁有那家KTV的会员卡。正好杨寒有附近KTV的会员卡，于是在一天中午吃饭时就跟他们说了这件事情。

杨寒说："王哥，听说你们要去××KTV唱歌，我这儿正好有那里的会员卡，可以优惠。"王哥听后很高兴，就去找其他人商量。结果，正好公司里的小张也从朋友那里借来了一张卡，但是由于小张借来的是一般的会员卡，所以杨寒就说："用我的吧。我的卡比较高级，折扣多，能多优惠些。"

其实杨寒并没有挖苦小张的意思，他只是迫切地想融入别人的阵营中。结果小张知道后非常不高兴，认为杨寒是在讽刺他的卡不好，虽然当时表面上没说什么，但是之后一直与杨寒有芥蒂，连带着其他老员工也不太喜欢杨寒。

如果当时杨寒换个说法，可能就不会有后来的问题了，但是由于他一时失言，所以给自己带来了诸多麻烦。

可见，哪怕是无心说错了话，让别人下不了台，也可能会把自己的事情弄得很糟，同时导致人际关系恶化。说者无心，听者有意，如果一个人常常不假思索就说话，便容易因为"嘴伤人"而招致别人的怨恨。

李太太和王太太是楼上楼下的邻居，两家在这座楼里住了有好些年了，但是两人之间的关系一直都比较紧张。其实她们之间并没有什么大不了的矛盾，只不过二人说话都喜欢呛人，非要在口头上占彼此个便宜，不肯让对方半分。

有一次，李太太经常在国外出差的儿子买了一组进口的真皮沙发给她，这让附近的住户们都非常羡慕，纷纷说李太太的儿子懂得孝顺父母，真是不错。为此，那几天李太太很是高兴，每天都容光焕发的。

不巧的是，王太太的儿子不争气，她儿子的工作还是王先生托人给找来的，每天能按时上班就不错了，更别提买什么沙发了。因此，那一段时间，王太太从来不参与李太太她们之间的谈话。

结果，有一天王太太路过小区里面的花园，又听到李太太在夸奖她的沙发，实在忍不住，就说了一句："为别人卖命得来的沙发，有什么好炫耀的。"李太太一听就生气了，说王太太："总比有些人儿子不争气，吃不着葡萄说葡萄酸强。"二人顿时吵了起来，以后她们的关系更僵了。

上面故事中的李、王二位太太就是典型的喜欢逞口舌之快的女人，她们以互相打压对方为乐，殊不知这样做却伤害了别人。俗话说"泥人儿还有三分脾气"，何况是有血有肉的人呢？人际交往中的矛盾、误解是在所难免的，遇到这种情况，很多人选择了用言辞去攻击对方，以解心头之恨，殊不知这样却是害人害己。

或许有人会说，逞口舌之快没什么大不了，因为这些人毕竟不是“坏人”，他们只是因为心直口快，说话不讲究措辞和语气，才会在不经意间伤害到别人。其实，心直口快有时不是什么优点，特别是那种不负责任的“找茬者”。他们全然不顾自己的德行修为，只因一时口快就恶语伤人，不仅伤人面子，还会破坏朋友、亲人、同事之间的感情，倘若本来就是不太熟悉的人，更会徒增怨恨。

俗话说：“杀敌一千，自损八百。”损人之语，必不利己。逞一时口头之快会给自己树敌，也让自己显得特别没有风度和气质，像“泼妇”一样不招人待见。那么，当人际交往中出现矛盾时，要如何应对，才能做到不损人又不害己呢？

1.可以转移话题，制造轻松气氛。在交际场合，如果某个较为严肃、敏感的问题弄得交谈双方对立，甚至阻碍交谈正常进行时，可以避开它，用一些轻松、愉快的话题来活跃气氛，转移双方的注意力，或者通过幽默的话语将严肃的话题淡化，使原来僵持的场面重新活跃起来，从而缓和尴尬的局面。

2.找个借口，给对方台阶下。有些人之所以在交际活动中陷入窘境，常常是因为他们在特定的场合做出了不合时宜或不合情理的事情。在这种情形下，最行之有效的打圆场的方法，就是找一个借口，以合情合理的解释使对方有台阶下。这样一来，对方的尴尬解除了，正常的人际关系也得以继续下去。

3.善意“曲解”，化干戈为玉帛。在交际活动中，交际的双方或第三者由于彼此言语之间造成误会，常常会说出一些让别人感到惊讶的话语，做出一些怪异的行为举止，从而导致尴尬或难堪场面的出现。为了缓解这种局面，我们可以采用故意“误会”的办法，装作不明白或故意不理睬他们言语行为的真实含义，而从善意的角度来做出有利于化解尴尬局面的解释，将局面朝有利于缓解的方向引导。

Part 2

非暴力沟通：

你不是脾气太坏，而是格局太小

你以为的说话直，可能是格局低

说话是我们与人交往时最普遍的一种交流方式，是我们的生活中不可缺少的沟通途径。见到陌生人时我们会打招呼，见到熟人时我们会聊个不停，甚至当我们独处时，也会自言自语。说话在我们生活中是如此重要，因此，每个人都想提高自己说的能力，想让自己说的话更有水平。

说话的方式多种多样：直言快语、含蓄委婉、咄咄逼人等。既然说话的方式如此之多，说话时，就应该适时地改变说话的态度、方法、语气，把话说得像身上的衣服一样种类繁多、色彩鲜艳，为自己的魅力值加分。

但是，生活中有很多人总是说："我说话直，你别介意啊。"

这就属于不会说话，而且没有认识到自身的根本问题：说话直并不意味着不能好好说话，而是格局比较低，不愿意改变说话方式。

思思的丈夫和芳芳的丈夫在同一家公司上班，又因为两家人住得近，年龄也差不多大，所以有什么活动都是两家一起进行。

有一次，思思和芳芳一起去打保龄球。但是，芳芳是初学者，球艺自然不行。思思出于好心，便当教练教起对方来。思思是个心直口快的女人，喜欢有什么说什么。在教芳芳打球的过程中，如果芳芳的球没打好，她张嘴就说人家“真臭”“你怎么这么笨”之类的话。

这让芳芳非常生气，她说：“你说话可不可以含蓄点？”“什么含蓄，你笨就笨嘛，还不让人说了，真是的！”就这样，两个人弄得十分不愉快。回家后，二人又添油加醋向各自的丈夫抱怨了对方一通，让他们在公司见面时也感到很尴尬。

思思其实并没有恶意，但是因为她不懂得说话，结果是“好心办错事”，让两家也闹得不愉快。如果思思懂得说话的技巧，在教芳芳打球时注意语气和措辞，就不会造成这样的结果了。由此可知，不会说话，对生活和工作的影响有多大。

有时候，语言就是一个人的门面。一个人是否真的有气质，是否真的优雅，并不体现在外表上，而是体现在内在上，而向别人展示你内在的途径之一就是说话。

李先生去沈阳出差，就遇到过这么一件事。李先生下飞机后提着大包小包走出了机场。由于他只顾寻找接他的朋友，东张西望，一不小心撞在了一个行人的身上。那个人长得膀大腰圆，被撞后睁大两眼瞪着李先生，怒气冲冲地吼道："你干吗？没长眼睛吗？"

听着对方的话，李先生心里很不高兴，刚想"回敬"两句，转念又想，算了算了，他不文明，我不能不礼貌，吵几句又能怎样？搞不好麻烦会更大。想到这，李先生连连道歉，说道："实在对不起，我着急找人，真不是故意的，请多包涵。"简单的几句话，却说得那个人也没脾气了，只好看了李先生一眼，径直走了。

直言直语是一把双刃剑，而不是一把可以披荆斩棘的开山斧。我们可以试想一下，如果当时李先生直言快语，以不敬还不敬，以不礼貌对不礼貌，结局恐怕就是另外的样子了。因此，我们说话时，应该让自己的语言含蓄一些，不要冒犯别人。否则，刺伤别人后，也会害到自己。

言语可以是蜜糖，让人听了心里舒服；言语又能变成一把刀，刺得人心里流血。直言直语的人会让人痛恨不已，甚至心生报复；而说话含蓄的人则会使人心生好感。那么，我们应该怎么说话，才会让别人喜欢我们呢？

1.说话时要三思。我们不应该以"心直口快"为荣，而应该学会"三思"。说话之前，先问自己三个问题：我这样说好吗？别人听了感觉如何？会对我产生什么样的影响？如果你真正弄明白了这三个问题，就会避免许多无谓的纷争。

2.说话时站在别人的角度思考。真正懂得体谅别人的人会在说话前就做到换位思考，会以别人的角度来思考问题。这样在说话时自然而然地就会收敛，也可最大可能地避免对别人造成伤害。

3.选择好的方式。例如，一个人运动细胞好，却不适合做精细活，会说话的人就会夸奖对方“体格棒”；一个人腰腹比较胖，但是腿比较细，懂得说话的人就会夸奖对方的腿，而不是揪着对方的“游泳圈”不放。

说话直并不是你不会好好说话的借口，只要注意以上三点，相信你就能跟别人愉快地沟通了。

面对挑衅时，动怒是最差的反击

遇到有人故意找茬、出言挑衅的时候，该怎么办？容易想到的是对方有毛病、很讨厌，随即心里的怒火也烧起来，胆子小的生一顿闷气，胆子大的直接就跟人家吵架、打斗。其实，不管是生闷气还是吵一架，都是跳进了对方的“陷阱”。你赢了输了并不重要，在那几分钟或长达几个月的冲突期里，原本安稳平和的步调被打乱，你只能以对方为中心活着。

被激起怒意的人分辨力下降，理智与自控力也会丧失，肾上腺素大量分泌，注意力向着冲突的焦点集中，很难再顾及其他重要的事情。如此一来，最直接的恶果就是自己沉浸在负面情绪中难以自拔，还有可能成为骗子们设局的目标。

方芳和小飞夫妻俩进城打工干了七八年，终于用攒下的积蓄在城里开了一家小小的手机店，平时方芳看店，小飞去上货，夫妻搭配，把小店运营得很好。除了卖手机，小飞还会维修手机，再兼卖一点零碎周边、配件产品，生意红红火火，日子也过得很好。

开过店的人都知道，有一种人是所有小老板都又怕又恨的，那就是贼。遇到小偷“光顾”，若偷的是手机链、手机壳、保护膜等小配件时，损失可能也就几十元；被偷的如果是手机，一下可能损失几千元甚至上万元，几天都赚不回损失的钱。方芳和小飞都明白贼的危害，平常也很注意保安防范，还给每台样机都安装了防盗弹簧链，但是这天他们还是掉进了贼设下的局，损失了两部最新款手机。

周三的上午店里一般没什么顾客来，小飞去找其他卖手机的小店主打牌聊天，方芳自己留在店里一边看连续剧一边照看生意。

这时，前后有四位顾客走进了店里，先进来的是个中年男人，穿金戴银，一看就是位有钱的老板。他进来就要方芳给他拿一黑一白两部手机，说是要给闺女和儿子一人买一个，方芳有些为难地说，柜台上有样机，新品都在柜台里，不能拆开包装看。

那个老板有些不乐意，他掏出一摞人民币“啪”地摔在柜台上，对方芳说：“妹子，你是觉得我买不起吗？我今儿肯定买，要不你先把钱收了，我看东西没问题就拿走。”这时候，又进来了一个贼眉鼠眼的小青年，染着五颜六色的头发，叼着根烟，一下就引起了方芳的注意。她看那个老板把钱都掏出来了，这个大买卖不能放过，便给他拿了两个手机，转而去招呼刚进来的男青年。

那个男青年问了几个方芳没听说过的型号，见店里都没有，就骂骂咧咧起来。方芳还没来得及跟他理论，从门口又进来一对小情侣，那个女的一进门就把一个手机摔在方芳面前，开口就骂："无良奸商！修手机时动手脚，我这新买的机子被他们家整坏了！老公，就是这个奸商婆子！"

方芳从没见过这个女人，也没见小飞修过她的这部手机，便解释道："这位小姐，您是不是记错店铺了，我们家没有为您修理过这部手机。"

那个男青年见方芳"不认账"，冲过来就推搡她，嘴里还不干不净地骂着。旁边那个流里流气的小青年看这对情侣一唱一和骂得欢，也凑过来搭腔："我就说这家店不正规，问什么型号都没有，原来是家专门骗人的黑店，这种店，谁来谁倒霉啊！"

方芳又急又气，心想，就算真是自己老公把他们的手机修坏了，大不了赔她一个，至于堵在店里骂得这么难听吗？她在外闯荡多年，能开起自己的店，自认也不是什么柔弱女子，看对方欺人太甚，她也火了，一边跟那个女顾客拉拉扯扯一边对骂。也不知怎么的，从店里就打到了店外，几分钟后那对情侣落败，喊着：“你给我等着！”方芳终于出了胸中一口恶气，心想，跟我碰瓷，也不看看我姓方的是什么人物，怎么可能受你们欺负！

回到店里，方芳喘着气走进柜台里面，坐定了、消气了，才突然想起刚才那个要买两部手机的顾客，可那人早就不见了踪影，跟他一起消失的还有那两部价值不菲的新手机。

方芳的遭遇在许多连偷带骗的治安和刑事案件中很有典型性，通过攻击对方的情绪，扰乱其心智，让被挑衅的人失去冷静的判断，从而犯下低级的错误，这种方法说小了叫“手段”，说大了就是“诡计”。被骗的人起初还只是因为莫名其妙被找茬而生气，之后发现更大的损失时就会像被一盆凉水从头浇到脚，会更愤怒、更崩溃，但受害者却很少能及时反省自己。如果在被挑衅之初能不急不躁，冷静处置，是不是就能避免更大的损失？

比起故事中方芳的财物损失，更严重的是她的心情，愤怒的情绪在她脑海里盘旋，她刚刚很激烈地与人争吵过，那让她心跳加快，血压升高，甚至头疼。结束了争吵，她猛然惊醒，原来由于自己的不小心，丢失了大额商品，对自己的负面评价瞬间占据了她的思维，懊恼、羞愧、委屈及丈夫的责骂持续困扰着她，这种内外夹击的折磨让她如坠深谷，为了平衡情绪，她只能寻求其他途径去填窟窿，稍有不慎事情就会像乱麻那样继续缠绕恶化。

遭到挑衅就立刻还击，别人凶，你更凶，带来的恶果就是：

1.失去理智、控制力，把自己变成一个“疯子”；失去判断力、知觉力，把自己变成一个“傻子”。

2.远离平和与安乐，被人牵着鼻子走向他们设置的“地狱”，看见有人乖乖往别人挖好的坑里跳你会觉得很可笑，其实愤怒还击的同时你就在做同样的事情。

3.掉进坑里容易，再想爬出来可就难了，毕竟争吵是双向的，“杀敌一千，自损八百”，别指望你能全身而退。情绪被负能量浸染后，在一段时间内都会保持消极的色彩，自己难受，亲友也跟着遭殃。

遇到“情绪垃圾”，你更要从容

每个人在生活中都难免会遇到让自己心里不舒服的人和事，有时这种负面的刺激来自一些自发的事件，有时则是来自某个特定的人。

我们必须承认，自己的言行，自己做过的事，不可能每一桩每一件都令周围的人满意，恐怕我们自己也都“恶心”过别人。面对那些“恶心事”，展现出自己的格局，多一分宽容，多一分理解，不纠结、不较真，是放过别人，更是放过自己。

从容面对生活中的“恶心事”，宽容能帮我们远离可怕的“情绪垃圾”，保护我们美好的生活不因为他人身上的“恶”被粉碎。

因为跟男友闹别扭，朱姝独自开着她的“大路虎”跑出来购物散心，到了购物中心却发现地下停车库已经满了，她只好绕到稍远的一条小岔路里，把车停在路边。她一边祈祷着交警不要给她贴条，一边不急不慢地往购物中心走，买了几件新衣服，两双新鞋，钱花得差不多了，她的气也差不多消了，买了一大杯杧果奶昔美美地喝着准备回家。

走到车旁，朱姝看了看车身，没有任何罚单，她心里暗喜，赶紧钻进车里想启动离开。可这时车前突然冒出个穿着停车收费员背心的男人，示意她交停车费。

朱姝摇下车窗对他说：“师傅，您是哪家收费的啊？这条路两侧禁止停车，牌子在那立着呢，怎么可能是收费车位啊。”说完就想摇上车窗启动车子，那个男人却伸出一只手臂抓住了她的方向盘，说：“大姐，这块就是停车位，每小时5元，不交钱不能走，你停了超过2小时，算你10块。”

男人这一抓真吓了朱姝一跳，她下意识地猛按车窗关闭按钮，那个男人吃痛赶紧把胳膊往外拔，在这过程中朱姝的奶昔被碰洒了，黏稠的果汁和奶油洒了她一身，也弄得前排座位上都是。

朱姝这下可火了，她早就听说过现在有冒充停车收费公司的人乱收停车费，没想到还真让自己给遇到了，对这种行为，她可不打算就范。冲出车子她就跟收停车费的男人争吵起来，之前跟男友赌的那口气也一并发泄在了这个男骗子身上。

对方看她就是个小姑娘，也没打算轻易退却，俩人就这么扛上了。朱姝骂那个男人是穷疯了的骗子，让他赔车内污损的清洗费，那个男人骂朱姝是装大款的泼妇，连10块钱停车费都交不起，俩人你一句我一句，话越骂越难听。

那个男人被夹了胳膊又挨了骂，也是气急了，他抬脚就踹向朱姝的肚子。朱姝冷不丁挨了一脚，被踹倒在地，怕那个男人继续殴打她，顾不上继续对骂，赶紧往车里钻。等她狼狈地钻进车里，发现他已经站在了车子的引擎盖上，嘴里还在叫骂。

朱姝捂着肚子，看着干净整洁的车里变得一塌糊涂，心里那叫一个崩溃。那个行骗不成就恼羞成怒的男人站在她面前，狠狠跺着脚……朱姝的愤怒已经变成了仇恨，她想好好教训这个欺负她的男人，咬着牙自言自语了一句："你不仁，休怪我不义！"一脚油门狠踩到底，车子猛地向前冲了一下，站在引擎盖上跺脚的男人站立不稳，由于惯性被甩了出去。

看见他四仰八叉地从车上飞出去，朱姝心里这叫一个痛快得意，她再次发动车子，引擎轰鸣着从他身边呼啸驶过，根本没注意到躺在地上的男人后脑正汩汩地向外流血……

事后警方查明，那个死亡的男人的确不是正规停车收费员，他只是住在附近的无业游民。他见很多到购物中心消费的人没地方停车，都把车停在那条小岔路的路边，心里就打起了发邪财的小算盘。遇到老实人钱就轻松进账，遇到朱姝这样"不老实"的，他就用尽各种办法挡住汽车不让人家走，连逼带吓把钱敲诈到手。他到死也没想到，这个无本万利的“妙计”会夺去他的生命。而朱姝原本有着与他截然不同的生活，有着美好的人生，却在这一次遭遇中没能控制自己的情绪，不应该违停，更不应该冲动之下犯下大错。

世界上有着形形色色的人，浑身充满正能量的人被称作“向日葵族”，他们善良、热情、乐于助人、诚实、负责任，不仅自己活得轻松愉悦，也用美好的语言和行动感染他人，为他人的情绪“充电”，是像珠宝那样闪闪发光的“阳光人”。也有一些人身上满载负面垃圾，他们沮丧、愤怒、嫉妒、仇恨、傲慢、贪心，他们总是不满足，一逮住机会就抱怨和咒骂，不分对象地挑衅，他们见不得别人好，愚昧无知让他们烦恼，多疑敏感让他们报复心极强，负能量驱动着他们的行为，他们是名副其实的被“情绪垃圾”控制的人。

“情绪垃圾”堆积如山，不主动倾倒就会泼洒一地，如果我们不小心靠近，就难免成为受害者，这时如果我们马上暴怒还击，无异于主动接下了这些情绪包袱，负能量会源源不断传导到我们的世界，危害我们，更危害我们关心和爱护的亲朋好友。

“情绪垃圾”就游荡在我们周围，遭遇到它们时，你应该做到：

1.绝对不与“情绪垃圾”斗气。唯一能把你跟“情绪垃圾”划清界限的，是你面对它们时的从容与豁达，别把自己变成满腔“情绪垃圾”的人。

2.不要比谁更没有修养。有些事不能不赢，有些事则不能不输，要看比的是什么，要不要追着别人比谁更没有修养。

3.物以类聚，人以群分，要做充满正能量的人。总盯着恶心事深入研究，迟早会把你的思维方式也染成一团黑，要全力成为“正能量达人”。

为什么大家都讨厌没有包容心的人

“包容”这个词，能体现出一个人的格局。当一个人把周遭其他人的冒犯理解为无心之失时，对他而言，不管是难听的语言还是攻击性的行为，都不会带来任何伤害，所以他会把世界上细微的善意放大，充分汲取其中的正能量。而一个多疑、敏感、小肚鸡肠的人，不会放过一丝一毫恶意，把自己变成了一台收集负面情绪的“吸尘器”，折磨自己，也困扰他人。

依珊的丈夫钟旭是一家大型医药公司的大区主管，收入丰厚，身边的人大都羡慕依珊，但也有人在背地里嚼舌根，说些很难听的话讽刺依珊是个贪财的女人。这是有原因的，钟旭并不是初婚，在迎娶依珊之前，他曾有过两段短暂的婚姻，第一任妻子还给他生了一个女儿。也就是说，比钟旭年轻9岁的依珊嫁给他后就成了一个7岁小女孩的“后妈”，加上钟家有千万家产，不由得让人怀疑她的动机。

依珊实际是怎么想的呢？她比任何人都清楚自己跟钟旭结婚后将要面临的难题，但她的心告诉她，两个人之间的感情不假，在一起的默契与幸福不假，她能感觉到钟旭对第三次结婚的顾虑，也隐隐担忧会不会跟没有血缘关系的女儿相处不好。但爱情将两个人推到了这一步，依珊不愿意退缩，也不舍得放手。

结婚之初，钟旭大部分时间都在忙工作，依珊则一边朝九晚五的上班，一边在家里照顾婆婆和女儿。钟旭的父亲早亡，他的母亲含辛茹苦地将他抚养长大，一个人赚钱供他读书成才，在钟旭能够独立赚钱养家后，母亲就一直跟他住在一起，这也是让第一任妻子始终难以接受的地方。后来因不堪忍受如此“紧密”的婆媳关系，第一任钟夫人抛下丈夫和年幼的女儿另觅他人。

依珊第一次听钟旭说起母亲辛劳凄苦的前半生，就对这位坚强的老妇人产生了敬意，她是真心觉得就算钟旭没有对她提出跟婆婆一起生活的请求，她也会主动要求把老人接过来好好照顾，让她安度晚年。

而钟旭的第二任妻子之所以跟他结婚没满一年就离他而去，主要就是因为钟旭那个人小鬼大的宝贝女儿。自小失去母爱的小姑娘，比同龄人更多一分叛逆和防备。依珊对这个浑身是刺的女儿并没有急于亲近，她开诚布公地跟钟旭谈过许多次，后妈能给予孩子的关爱永远无法与生身母亲相比，她愿意努力去接纳这个与她没有血缘关系的孩子，但不会为了讨好她而卑微纵容。

最初与这一老一小接触，依珊着实感觉压力巨大，这两人是除了自己之外与丈夫关系最亲最近的女人，对她客气中透着排斥，礼貌中充满冷淡。每每被她们“冷暴力”攻击，依珊的心就会疼，也会觉得委屈失落，但是每每看见丈夫拖着疲惫的身体回家还要对着她小心翼翼地试探，生怕她也会突然翻脸甩手离开，她就想到两人当初决定在一起时自己的誓言。这个被人看作有着钢筋铁骨的男人，实际上有非常脆弱敏感的内心，为了获得一份简单的爱情，他竟像个无助的孩子那样左右为难、如履薄冰。

结婚以后，依珊没有跟婆婆有过一次争执，也没有因为女儿的小脾气跟丈夫抱怨、告状，她比一般的儿媳更孝敬，比一般的母亲更细心，生活中许多不如意在她的包容下化为乌有。

人心都是肉长的，在一起相处时间久了，婆婆感动于她的谦和贤惠，跟她比跟自己儿子还亲；女儿慢慢长大，在她的教育和培养下越来越成熟懂事，对她的称呼也从“哎”“阿姨”变成了“妈妈”，还红着脸问她能不能跟爸爸再生一个小弟弟或者小妹妹。

依珊过着很多女人羡慕的阔绰生活，拥有一个不仅把财富与她分享，更把自己的心交给她的“优质丈夫”。重要的是她不像电视剧里演着狗血情节的女主角那样，人前光鲜得意，背后“血泪涟涟”，她拥有发自内心的快乐和满足，自己过得好，也引导着亲近的人共享她积极情绪的正能量，相互接纳，相互包容，这种幸福是实实在在的。

让一个人拥有旺盛生命力的源泉是快乐，而快乐的源泉是满足感。人类的知觉有它自己的“口味”，心宽的人感知事物的重点集中在积极情绪上，而刻薄的人则会不自觉地忽视那些美好的信号，专盯着别人的不足和错误去深究，跟着愤怒，跟着烦躁，更有甚者还会恶化为睚眦必报，把大量的精力耗费在与人斗上。

没有任何理由能阻挡你成为一个包容的人，你必须先学会换位思考：

1.就算心里别扭了，也别挂在脸上，更别轻易耍脾气、闹别扭，在伤到对方之前，首先承受负能量的是你自己，任何情绪的毒药都不是全无代价就能产生的。

2.亲友之间不存在仇怨，在任何时候都要假设对方并无恶意，发生冲突时绝对不要说“你这种人原本就……”，没有什么人原本就一定是怎么样的，除非你坚持把对方定义为十恶不赦，那是你自己的问题。

高智商的人反而容易患“情绪病”

高智商不意味着高情商，很多智商很高的“天才”由于情绪不稳定，性格孤僻、自卑、脆弱、急躁、固执、自负，不能妥善处理冲突和挫折，很难有和谐的人际关系，反而比智商平平的普通人过得更艰难、更痛苦。

陈晨是个智商很高的“天才”，他从小学到大学连续跳级，23岁就拿下了名牌大学博士学位和厚厚的一摞证书，但他并不是一个幸福的人，工作也好，感情也好，处处碰壁，日子过得很不顺心。

跟陈晨接触过的人除了对他极富理性的思维模式连连惊叹外，更对他不符合年龄的幼稚和无礼印象深刻。虽然大家都明白，脑袋聪明的人有时会有些不合群，也尽量去容忍他，但容忍已经是同学和同事们的极限，没人愿意和口无遮拦又自私自负的他成为朋友，更别提愿意做他的女友共同生活。

在身边同学的冷落和排挤中，陈晨度过了学生时代，工作之后认识了新的同事，一切却还是没有改观，这让他原本就乖张的性格变得更加难以接近。他想不通为什么人人都看他不顺眼，都在无关痛痒的小事上找他的麻烦。

久而久之，他变得孤僻起来，心想反正自己鹤立鸡群的优秀总会招致妒忌，那些愚蠢的凡人因智力低自己一等，就会想尽办法在其他方面给自己设障碍、挖陷阱，等着看自己的笑话。

自从有了这种念头，陈晨越来越多地发现同事们处心积虑“谋害”自己的蛛丝马迹，他将比常人更灵敏的感知能力和逻辑分析能力用在琢磨别人的“坏心眼”上，对那些大大小小的“坑害”和“中伤”也记得更深、更久。

每天活在“战争”中的陈晨觉得自己病了，虽然每每识破别人的“诡计”并毫不留情予以还击时，他充分感受到了高智商的优越感，但那种充满恨意和憋屈的短暂快感过后，他总会更加烦躁和苦闷。这种在心头萦绕不散的负面情绪让他头痛不已，夜里总被噩梦惊醒，一身冷汗，想到第二天上班又要面对一群“坏人”，他就开始浑身不舒服。

当医生告诉陈晨，他的诸多病痛并没有生理上的明确病因，恐怕是源自无法排解的坏情绪，可能需要到心理诊所就诊，他又开始质疑起医生的专业水准，认为是医生能力不过关，故弄玄虚找些无凭无据的理由搪塞他，骗他的钱。

陈晨的案例证明了高智商的人并不能很好地管理自己的情绪。高情商的人更能透彻地了解自身情绪，继而管理情绪、自我激励、识别他人情绪，然后和谐地处理人际关系。向内审视自己的情绪，及时察觉情绪的负面波动，是对情绪做出管理的先决条件。

中国有句古话说“人贵有自知之明”，正是说明人只有认识自己，了解自己，才能成为自己精神生活的主宰，进而去掌控物质世界。而调控情绪的目的不是一味曲意逢迎，压抑自己真实的感受，而是以合适的方式在恰当的情境下表现出来，从而不会沉溺于负面情绪难以自拔，能够很快度过低潮，重新起航。

在正确处理自己情绪的前提下，情商较高的人还能够敏锐察觉他人的情绪讯号，能够善意理解他人向自己传达的需求和欲望，并回以恰如其分的反馈，顺利地进行沟通，正常发展友情、爱情关系。当一个人可以有意识且有效地影响、引导他人的情绪，让他人不由自主地跟随自己，他也就具备了成功的必备要素——领导力。正所谓大智若愚，这种能力正是许多看似智商不高的“笨人”取得事业和生活巨大成功的秘诀。

高智商人群如何防范“情绪病”？

1.高智商、低情商的人，与外界的情绪信息交换大多包围在偏执的恶意中，每当沟通中出现分歧和摩擦时，他不相信也不愿意相信问题其实出在自己身上，四处碰壁，无法解决与人难以亲近的痛苦，只能一而再再而三地否定和质疑他人，疑心生暗鬼，越想越钻牛角尖，高智商反而成了促成“情绪病”的罪魁祸首。克服偏执狂般的自负病和疑心病，是高智商人群防范“情绪病”的第一招。

2.跳出以自我为中心、不顾他人感受的思维模式，多去模仿和学习自己眼中“蠢人”的为人处世方法，转变让人避之唯恐不及的攻击态度，就能感受到与以往完全不同的人际氛围，“情绪病”没了负面情绪这个能量源头，自然也会逐渐康复。

3.情商不提高，其他一切方法都是治标不治本，通过有意识地学习和练习，逐步改善情商，人际交流更顺畅，负面情绪自会减少。

当心，别让你的反抗情绪影响了社交

习惯性较劲的人身上多少会体现出一定的偏执型人格特征，他们可能会比一般人固执、敏感多疑、狭隘、好嫉妒、缺乏幽默细胞，同时由于潜意识里严重的自卑，又有着很强的自尊心，很低的安全感。与人交流时稍有言语失和，便会争论不休、强词夺理，甚至发怒攻击对方。他们很难放下防卫心理与人坦率交友或恋爱，日常生活工作中神经总处于紧张戒备状态，对周围亲友和同事的善意举动常会产生负面、歪曲的理解，进而发生摩擦、冲突，造成人际关系不和谐。事后他们无法对不和谐的根源做内部归因，分析起原委来所有错误都是别人的，吃亏受委屈的总是自己，令破裂的人际关系更加难以弥合。

当显著偏执型人格特征的想法、言论和行为越来越多出现在一个人身上，不仅他自己会感觉身心不适、孤独、焦躁甚至恐惧，周围的人们也能非常明显地感觉到他无缘无故抛出的恶意。这就让他们在社会交往中无可避免地处在一个非常尴尬的境地——强于他的人肯定不吃他这一套，兵来将挡水来土掩，以惩罚对敌意；弱于他的人深受其苦，只好敬而远之，免得引火烧身。针对这种看谁都不顺眼、对谁都不怀好意的人，时下流行叫他们“极品”。

某次与广告公司的陈总一起吃饭，席间说起人力资源管理的话题，他一声长叹就打开了话匣子，对我说在他的公司里有个叫甄峰的“极品”员工非常让他头疼。人如其名，很多时候他和其他领导都怀疑甄峰是不是真“有点儿疯”，我以为他发愁解雇的问题，但愁眉紧锁的老总接着说：“唉！就这么个逮着谁扎谁的刺儿头，搅得大家心神不宁却不能辞掉，所以我才这么发愁。”

原来这个被称为“极品”的员工甄峰是陈总一个老同学的儿子，大学毕业没几年换了好几份工作了，在哪儿都干不长。他爸爸跟陈总是大学时的舍友，还是上下铺的兄弟，那感情不是一般的深厚，这次为了儿子的工作又是送礼又是拜托的，陈总想也没想就应承下来，还对老同学信誓旦旦地说：“咱哥俩是什么关系，你这宝贝儿子跟着我绝没有亏吃，你就放一万个心吧！”这事说来虽是陈总思虑不全欠妥当，但考虑到自己开了这么大一公司，给人安排个行政助理的闲职混口饭吃还是不成问题的，不承想，甄峰进了公司，陈总的噩梦就开始了。

甄峰的性格跟他那个憨憨的老爹可是一点儿也不一样，他的脸上总堆积着厚厚的阴云，开始时同事们都以为他只是不习惯新环境，等大家熟络了就会热情起来。

渐渐地，人们发现甄峰的敌意并不是因为初来乍到紧张所致，他的愤世嫉俗和心胸狭隘先是让负责带他的小吴碰了一鼻子灰，又让两人的共同上司王主任生了一肚子气。

入职3个月试用期满时，主管领导怎么都不肯在其转正通知上签字，还是陈总亲自出马，才给他转了正。

转正之后，甄峰不仅没有转变态度虚心工作，反而更抵触工作了，周一上午的部门晨会他不愿意参加，还冷嘲热讽地说纯粹是在浪费生命；主任让他出去给客户送份文件，他磨蹭了半天也没动身，被主任问起送到了没有，竟然反问主任为什么让他做低级的体力活。

有一天中午，部门为一急件赶工，大家都在加班，主任看他闲着，就让他去买些盒饭回来，吃完饭好继续忙。没想到甄峰气得嘴唇发抖，攥着拳头一字一句地对他说："我是正经大学毕业生，来到这个公司是做行政助理工作的，不是给你们跑腿买盒饭的勤杂工！"呛得主任不想跟他理论，只好找到陈总吐苦水。

这种事多了，陈总也充分领教了这个"甄大少爷"的"特立独行”的别扭性格。就算真有一两个员工对他不那么友善，也不能整个公司上下连保洁、保安、送快递的都欺负他啊……说到最后，陈总自己也气得不行，猛灌酒，看他样子，恐怕是铁了心要解决甄峰这个麻烦，不用猜就知道甄峰在这家公司做不久了。

抵触情绪是一种深层次的负面情绪，一般体现为针对某些个人、某些独立或相似事件、某些特定行为、某种环境的抗拒和敌意。偶尔产生这样的“小别扭”无伤大雅，只要及时调整心态或者闹个脾气疏解一下也就过去了，但发现自己有时间持续性、对象广泛性的抗拒情绪产生时可就要提高警惕了。

像甄峰那样的性格，在每个公司都待不久，因为他对人对事的敌意不仅影响了自己的职业发展，也干扰了同事之间正常的沟通和协作。

我们虽然不至于像甄峰那么极端，但在工作压力下偶尔也会产生类似的反抗情绪，要学会克服对抗心理，平复涌上来的焦躁心情。比如：

1.在感觉到他人冒犯了自己而不高兴或者看他人的言行不顺眼时，首先力求回避刺激源，老话说得好：“眼不见，心不烦，转身向后，怒去一半。”

2.怒从心头起的时候，要及时自省，看看是不是毫无原因就陷入了“敌对心理”的旋涡，如果正是这样，可以考虑做些别的事情转移注意力，在大脑皮质里建立另外一个兴奋灶，或者深呼吸、原地做几个下蹲，缓解心跳加快、呼吸紧迫、脸色难看等应激反应。

3.如果能明确自己的抗拒与不爽源自虚荣心强、感情脆弱，则要返回源头处疏导压力，将事先自我提醒和事后反省纠正形成思维习惯，善意理解并尊重他人，学会感恩而不是满心不平衡地苛责别人。

无谓的冲突可能会给你造成严重伤害

回忆一下自己的生活中有没有出现过这样的片段——办事过程中有些障碍，可能预示着事情办不成了，工夫白白耗费了，让你心烦意乱。而跟你合作或为你服务的人某些言行明显激起了你的怒意，本来事情就已经够闹心了，还遇上态度不好、不会说话、手脚不麻利的人，你突然觉得一切的不如意都是他们的错，如果不好好教训他们，如果不大吵一架，心里的火气就没处撒，所以你发怒了，你急了。

没想到对方也不是好惹的，你生气，他比你还生气，你骂他，他骂你骂得更凶。结果你们因为一句话或一个眼神就拉开了对战的架势，争吵的内容跟开始想要达成的目的已然无关，只是这个人，你忍受不了，你不能就那么忍气吞声地离开，非要大闹一场。至于狂躁发作后会是什么结果，失去理智的你已经控制不了，也没空去深思熟虑了。

正常人不可能从不和谐的人际关系中得到享受，也不愿被人厌恶、怨恨和攻击。一时怒意引起的无谓纷争，可能会带来持久的负面情绪体验，让你更加难受，随之而来的，可能还得承担法律和道德层面的惩罚和谴责。

这是一个真实又残酷的案例，故事发生在四个在读研究生身上，小刘、小李、小凌、小希从本科起就是同班同学，小刘和小希已经是男女朋友，小李则正在追求小凌，小刘与小李住在同一宿舍，小凌和小希则是老乡，也是形影不离的闺蜜，这四个人关系亲密的程度可想而知。

为了追求小凌，小李可是绞尽了脑汁，小刘和小希都知道小凌对小李一点儿也“不来电”，她高挑的身材和漂亮的脸蛋在整个校园中都十分出众，吸引了许多优秀男生的眼光，在一干追求者中，小李除了是她的老乡和同学外，丝毫体现不出其他优势。

一个火热的七月，结束了期末考试的四人决定找个地方好好放松一下，小刘给小李出主意，说让自己女友小希鼓动小凌跟他们一起去夜店，喝点儿酒，借着昏暗暧昧的氛围对小凌表白示爱，要充分展现出男人的野性，一举将她俘获。

就这样，四人来到了当地一家规模很大、很有名的夜店喝酒跳舞，当晚，小凌化了妆，穿着性感惹火的贴身衣裙，一进到夜店里，就又被“狂蜂浪蝶”包围。小刘和小希见事情变成这样，小李根本没机会好好表白，也十分替他着急。

三人左一杯右一杯猛灌酒，在小凌婉拒了不下十次搭讪之后，小李终于逮住小凌去洗手间补妆的机会单独冲到她面前，借着酒劲进行了大胆表白。他也没听清小凌怎么回答的，激动之下冲上去抱住小凌就想亲，小凌哪肯就范，挣脱他的怀抱抬手就是一记耳光，打完他之后羞愤地骂道：“你发什么疯！我说了不行！你这样跟地痞流氓有什么区别！”望着小凌走开的背影，小李脸上的表情变得狰狞起来，那窈窕身姿在他眼里点燃了仇恨的火焰。

小李洗了把脸往座位上走时，看见小凌正在和一个相貌英俊、穿着时尚的陌生男子说话。与刚才对自己鄙夷又厌恶的表情不同，现在的小凌脸颊绯红，含羞带笑，旁边的小希和小刘也是一副热情的样子围着那个男人说笑。

等他走近了才发现，小凌竟然双手握着那个男人的手摇来摇去，一副撒娇小女孩的样子！他默默爱了三年多的女人，刚刚抽了他一记耳光、骂他流氓地痞的女人，已经是别人的人了……小李越想越愤怒，越想越不甘心，眼泪已经滑落脸颊，都说男儿有泪不轻弹，只是未到伤心处，他是真的伤透了心。在愤怒和酒精驱使下，他鬼使神差地拿起了手边的一个空酒瓶砸在桌子上，拿着尖利的“瓶叉”径直冲向了小凌和那个男人，一番乱捅乱划之后，满手是血的他才被赶来的俱乐部保安制服。

小希和那个连名字都不知道的男人被小李扎断了颈动脉，当场失血过多死亡。小刘左手肌腱被割断，身上多处刺伤，而小凌则伤得更重，虽然经抢救保住了性命，却被毁容了。后来从公安人员口中小李才知道，那个被他当作情敌扎死的年轻人其实是小凌家远房亲戚，论辈分是她的表舅，俩人在远离家乡的地方不期而遇，格外惊喜，小希和小刘更不是“倒戈”向小李的情敌，而是在和好友家的长辈亲人热情攀谈。

只要再忍耐十几秒，只要走过去问明情况，只要还有一丝理智存在，小李都不会因为这种莫名其妙的误会就犯下这令人发指的罪行，两条无辜性命因他的狂怒而殒灭，最爱的女人因他的疯狂不得不承受毁容的痛苦，他自己也将走向刑场接受极刑。

有些冲动可能需要用一生去悔恨，在冲突中，不管是谁给恶性互动开了头，都会害得双方甚至多方去承担消极的后果。最可怕的不是战争，而是鸣锣开战的原因并不值得，我们基本处在祥和、安稳的环境中，有多少人值得你用自由和生命作代价去攻击，有多少事值得你用好的心情做代价去较真？

再回忆一下，每当你因无谓的冲突与人对骂、斗殴时，事情的结果是怎样的？如果你还能想起来开始是在办什么事——真正想办的那件事，事情办成了吗？在想起那些不那么美好的插曲时，不管是不是取得了“胜利”，是否还残留有负能量的痕迹？那些负能量可能毒害着你，裹住了你前进的脚步。

无谓的冲突最愚蠢，不做恶性互动的发起者，你要明白：

1.纠结时对事不对人。事情办得不顺，发展不如你所预期，很难不去琢磨到底是怎么了，那就把琢磨的重心放在事理上，哪怕对方真的是人品有问题，也不会因为你大发雷霆就瞬间变身成完美的好人，你的怒火只能灼伤自己。

2.不要让“眼见为实”蒙蔽你的理智。你不是神，不可能一眼就看清世界的全貌，多些调查了解总是好的，问清情况之前先炸毛发飙的人根本没想解决问题，那是单纯的胡闹。

3.对恶果多想三步。读读相关法律法规，看看那些因为鸡毛蒜皮小事引发的流血冲突案例，如果知道一句脏话可能害得自己家破人亡，一时冲动可能带来半生牢狱之灾，下次动粗前恐惧的力量会帮你及时停下来。

盛怒之下更要注意自己的言语

友情、亲情和爱情，是人类美好的情感体验，构成了人与人之间的亲密关系。拥有成熟亲密关系的人，生活更幸福，内心更充实，更容易感知周遭的正能量，更少感到忧郁和孤独。

若问什么样的人擅长建立持久的亲密关系？你可能会想到，那些人都是善良、热情、慷慨、温柔的好人；也可能想到，他们都是有心计、知进退、懂礼节的聪明人。这些都不假，那么什么样的人最难得到持久的亲密关系呢？与刚才提到的那些人相反，内心险恶、斤斤计较、内向冷淡、不懂怎么讨人欢心、脾气不太好的人是不是必然就易伤害亲密关系呢？

消极的性格特征确实会给亲密关系的构建带来困难，但那些并不会必然导致人们易伤害亲密的家人、友人和伴侣，因为在长时间的共处和交往中，有瑕疵的人也能找到自己的幸福，俗话说“萝卜白菜各有所爱”就是这个道理。真正能起到“一击必杀”效果的恶习其实是——口不择言，出口伤人。

胡佳是个热情豪爽的妹子，优点很多，如聪明、勤快、上进、多才多艺等。缺点也有，但不多，对她生活影响最大的一个就是脾气急，急起来便口无遮拦。这个缺点给她的生活造成了很多麻烦，让她很难和周围的同学、同事变成更进一步的好朋友。

大学时代，胡佳跟同宿舍一个叫张玫的女同学关系很不错，俩人都是大大咧咧的直肠子，平时一起上课，一起吃饭，也一起出去逛街，友情像一棵小树苗那样慢慢长大，但这份美好的友情却因为一件小事彻底画上了句号。

这还要从张玫的身世说起，张玫是个苦孩子，她很小的时候母亲因为嫌弃她父亲穷，带着她的哥哥改嫁到外乡了，从那时起杳无音讯。张玫的爸爸受了极大的刺激，进城打工常年不回家。她跟着年迈的爷爷奶奶一起生活，懂事要强的小张玫没有因为失去父母的爱而放弃努力，她经受着一般孩子难以想象的苦难，繁重劳动之外还刻苦学习，最终以优异的成绩考进了城里的大学。她很珍惜自己和胡佳的友情，把胡佳当作姐姐一样信赖。

情人节这天，胡佳的男友送给胡佳一个非常精致的八音盒，她把这个价格不菲的宝贝放在宿舍，抱着一大捧红玫瑰就跟男友出去吃甜蜜晚餐了，吃完饭俩人又去KTV通宵唱歌，到了第二天早晨才意犹未尽地返回宿舍。

打开门进到屋里，舍友们都出去吃早饭了，没有人在。胡佳忍着强烈的困意，想再摆弄一下那个没来得及细看的八音盒，却发现走时放在桌上的八音盒不见了。她环视四周，发现八音盒就躺在张玫的床上，她想一定是张玫拿着玩来着，便走过去想拿回来。但她拿起来才发现，八音盒已经损坏了，明显是被摔过。精致的玻璃表层被摔碎了，里面的簧片和木头都摔了出来，她轻轻一提，那些破碎的部分就哗啦啦掉落在张玫的床上。胡佳感觉自己的脑袋“嗡”地一下，怒火冲上头顶，她真想立刻把张玫揪出来大骂她一顿。

正在这时，张玫和其他四个女孩吃完早饭都回到了宿舍，一进门就看见胡佳抱着八音盒的残骸坐在自己床上。她快步走过来似乎想解释什么，但胡佳突然狠狠地将八音盒的残骸砸向她脚下。

这一扔让所有人都吓呆了，紧接着胡佳声色俱厉地对张玫吼道：“你妈没教过你别人的东西不能随便动，是不是？！我怎么得罪你了，你要把它摔坏？！你知道这个八音盒是多少钱买的吗？！我男朋友从法国给我买的，摔坏了你赔得起吗？！我真没想到你是这种忘恩负义的人！从今天起，我胡佳不认识你张玫！”

她话音刚落，站在一旁的李娜就冲上来说：“胡佳你瞎说什么呢！八音盒不是玫玫弄坏的啊！隔壁宿舍的张珍昨晚上过来找你，见你不在就拿起这个八音盒玩，失手摔在了地上。当时玫玫都不在屋里，后来她回来了打着手电找了一个小时才把所有的碎片捡回来，她想给你拼上，你这么说她，你……你才是忘恩负义！”

胡佳张大了嘴巴愣在原地，她想喊张玫，却看见张玫满脸的泪水和悲伤欲绝的表情。张玫没有说话，转身走出宿舍，其他的女孩都跟着她出去了，留下脑袋昏昏沉沉的胡佳站在原地。看着满地八音盒的碎片，她知道自己犯了无法挽回的大错，比法国八音盒更珍贵的宝贝就在她不分青红皂白的暴怒中碎掉了。

人际交往中，别人喜欢或者讨厌你，跟你亲近还是疏远，是由你的社交水平、品位及为人处世的方法所决定的。也许你是个外表靓丽的人，你学识渊博、能言善辩、谈吐不凡，可是仅仅拥有这些，也不一定让你成为一个受欢迎的人。

一年365天，其中364天你都能克制自己的坏脾气，努力讨人喜欢，跟人和谐相处，最后一天出口伤人，一下子揭开了别人心里的伤疤，那之前所有美好的东西都会被蒙上阴影，亲密的关系也会出现裂痕。对方宽恕你，那是天大的幸运，却不是理所应当的事情。

人在盛怒之下最本真的条件反射就是尽量说重话、说狠话攻击对方，舌头柔软无骨，却能说出比利剑钢刀更伤人的语言。如果放任这种破坏性冲动，对激烈的负面情绪不加克制，说出去的话就如泼出去的水，覆水难收，恶语造成的伤害不可能通过一句“对不起”轻易抚平。

现实生活中，许多因词不达意、语言尖刻抑或“刀子嘴豆腐心”而惹人生厌者比比皆是，不管你本身是个多么好的人，得到一段长久的亲密关系都比登天还难。

为避免出口伤人损害与他人的亲密关系，你必须做到：

1.杜绝语言暴力。说话前三思而后“语”，别拿“心直口快”当褒扬，想到什么说什么的是婴幼儿，成年人应该有最基本的加工、修饰语言的能力，那不是虚伪，而是懂得尊重和保护他人的教养。

2.盛怒之下先闭嘴。在气头上的时候你根本无暇顾及什么该说什么不该说，那就干脆闭上嘴巴，离开让你情绪崩溃的场所，做些别的事，不管什么事，尽管去做。越是激烈的负面情绪越难以长时间停留在峰值上，过一会儿你就会平静下来，冷静了再去解决问题。

3.万不得已发生了言语冲突，绝不要扯涉及对方隐私的事。出于信任，一些人跟你分享了他们心中深藏的秘密，那等于是将一把尖刀交在了你手上，珍重这份信任，绝不要用这把刀攻击对方，除非你是真的决定断绝你们的关系。

Part 3

精准表达：

一开口就让别人明白你的意愿

会说话，别人更愿意尊重你的意愿

在网络上看过一则关于“御姐”和“萝莉”的笑谈，是这样说的：同样是给自己的男朋友打电话，御姐会说：“××，晚上6点我会在电影院门口等你，如果你来了我还没来，那你就等着吧！如果我来了你还没来，那你就等着吧！”而萝莉却会说：“亲爱的，我今天晚上6点在电影院门口等你。不要迟到哟，你一定不舍得让我在寒风中等你吧？你也不要来早了哟，不然我会心疼你的。”

如果换你是男人，你会选择“御姐”做女朋友，还是选择“萝莉”呢？或许有人会说：“青菜萝卜，各有所爱。”但是，经过仔细调查就会发现，男人们大都会选择“萝莉”做自己的女朋友，因为她们不会颐指气使。如果男人选择了“御姐”，说不定就得任她们摆布了。

其实，真正聪明、懂得说话的女人，并不是“御姐”类型，恰恰是“萝莉”类型，而真正能够掌控别人的也恰恰是“萝莉”。“御姐”虽然是命令的口吻，但是真正按照她们说的办的并没有几个，大部分的男人甚至表示反感，觉得自己的自由受到了限制。而“萝莉”呢，虽然看似娇弱，实则非常强大，用撒娇的口吻跟你说话，却能够在不动声色中牵着你的鼻子走，还让你甘之如饴。

叶子看中了一套房子，觉得挺好的，就希望把这座房子租下来。但是她现在可用的钱并不是很充足，而且她还听别人说房东是一个很难缠的人，想让房东把房租降下来很难。但是，叶子还是约见了房东，希望能跟对方好好谈谈。

当天，叶子很早就来到了房子前等着房东。等房东来了后，叶子并没有马上说房租的事情，而是和房东一起边看房子边聊天：“您家的这个房子真的很不错，周边环境好，内部装修的也不错，光线也很足。您当时挑房子的时候眼光真好！”

房东听后很高兴，心想：这房子当然好了！想当初，我可是跑了很多家房地产公司才看中的，最后为了好好装修一番，我还借了一笔钱。于是，房东开心地说道：“既然你很喜欢，说明你和房子有缘，也希望你在这儿住得愉快。”

这时，叶子欲言又止，为难道：“我也是这么想的，不过……”房东问：“怎么了？房子有问题？”“哦，不是。是我现在没有那么多钱，只能租住2个月。”叶子解释道。房东听后就说：“我还以为是什么问题呢。之前也有人来看房，他们为了让我减租金，就千方百计挑房子的毛病，这让我很生气。你这样的性格我反倒喜欢。这样吧，给你降低一些价格，你看怎么样？”

叶子听后，觉得那个价格自己现在可以接受，于是就愉快地和房东签了合同。房东离开的时候甚至还非常高兴地说：“有什么事尽管打电话。”

如果叶子不这么会说话，房东就不会按照她的想法降低房租租给她，而是产生另外两个结果：一是房子按照原价出租；二是叶子不租这家的房子，再换一家。但是，这两个选项无论选择哪个，都不是最佳的。

由此可知，会说话的人并不是只要能够口若悬河、旁征博引就可以了，而是要让自己说出口的话能起到一定的效果和作用，让自己说出的话有人听、有人信、有人照着做，让自己成为别人的主宰。

古时候有一个小国，这个国家的君主刚刚逝世，小王子还很年幼，于是就由王后暂时代理朝政。周边的大国看到是一个女人在管理国家，都对它虎视眈眈，希望能够把它纳入自己的版图之中。

王后听到这个消息后，就决定去会见兵力最强盛的国家的国王，希望能够打消对方攻打小国的念头。见到大国国王后，小国王后温和却又不失身份地说道："尊敬的国王，我听说你们计划攻打我们国家，是这样吗？但是恕我直言，如果我的丈夫还在世的话，您确实可以攻打我们的国家，但是他现在去世了，您就不能攻打我们国家了。因为现在由我一个寡妇在代理朝政，您这样的大国自然不会对一个孤儿寡母的小国出手，否则就是胜之不武。退一万步讲，假如您不在乎名声，硬要攻打我们国家，我也不会临阵脱逃，而是会誓死迎战。如果我赢了，人们会说您堂堂大国的国王输给了一个女人；如果我输了也不要紧，人们会认为您只是在欺负一个寡妇而已。"

这个大国的国王听完这番论述后，震惊不已。看着小国王后不卑不亢的表情，大国国王非常佩服她，不仅取消了攻打小国的念头，还派兵支援小国，防止其他国家攻打它。

小国王后用"晓之以理，动之以情"的方法说服了大国，不仅让大国取消了攻打自己国家的念头，还为自己国家寻来了一大庇护。

由此看来，话说得好，也可以成为所向披靡的"武器"。那么，究竟应该怎么说话，才能让自己成为别人的主宰呢？

1.对不同的人，采用不同的说话方式。聪明的人会把握对方的特性，根据他的性格来说话，让对方在不知不觉中按照你的意思来做事。

2.不要用命令口吻来说话。没有人喜欢听命令式的话语，直接用命令口吻来说话只会让别人更加反感。懂得说话的人从来不会用命令的口吻告诉别人“你应该怎么做”，而是建议他们怎么做。

不过要注意的是，不管说什么话、对谁说，我们都得把话说到点子上。因为没有人喜欢一说话就滔滔不绝的人，也没有人愿意相信和尊重这种人的意见。

学会安慰人，容易赢得他人的好感

形容一个女人如何漂亮时，我们经常会说她“有一头乌黑的长发”，皮肤像“凝脂”一样光滑……而张爱玲却在小说《白玫瑰红玫瑰》中，描述了这样一种女人的美丽——她们没有倾国倾城的容颜，不会撒娇、发嗲，也没有玲珑有致的身材，但是她们还是会受到别人的喜爱和夸赞。究其原因，就是因为她们懂得说话，知道用语言来激励、安慰别人，能让别人感受到一种独特的女性美。其实不论男女，懂得安慰他人的人，都更容易赢得他人好感。

然而，在当今社会，我们在大街上、公交车上，甚至是工作中，都会碰见越来越多“泼辣”的人。他们说话时口无遮拦，想到什么就说什么，甚至有些人还专门在别人失落、难过的时候冷嘲热讽。试问，这样的人又怎么能让人喜欢呢？一个善良的、懂得安慰人的人，才能赢得他人的好感。

小丽是一家律师事务所的秘书，因为她为人温柔细心，非常懂得如何说话，经常能让暴躁、难过的客户静下心来，所以她很受老板的欣赏，被安排接待事务所的重要客户。

有一次，一位姓杨的女士来事务所咨询问题。这位杨女士来的时候精神萎靡，眼睛肿胀。小丽询问一番才知道杨女士遇到了难事。原来，杨女士在20年前跟丈夫一起创业，共同经历了许多风雨，现在丈夫却嫌弃她人老珠黄，要与她离婚。

小丽听后，看杨女士哭得伤心，就说："大姐，你不必如此难过。老话说得好，'男怕干错行，女怕嫁错郎'，如果婚姻不幸福，作为女人，我们也应该勇敢地去追寻自己的幸福。"后来，小丽又跟她讲了其他人的故事，让杨女士知道"原来她并不是最痛苦的那个"。杨女士的心情变好了一些，她们不久就成了忘年"姐妹淘"。

小丽在杨女士痛苦的时候及时地给予安慰，帮助杨女士从痛苦中走出来。假如，小丽没有安慰杨女士，而是说一些暗讽的话，那么杨女士肯定会更加难过，说不定还会觉得小丽落井下石，心里难免会产生芥蒂。那样，就算杨女士仍然委托小丽所在的事务所打官司，但肯定会对事务所有意见，想必双方的合作关系从一开始就不会那么融洽。

人生不如意事常八九，遇到困难的时候，人的内心非常脆弱，这时候就需要别人给予安慰。因此，如果看到悲观者和不幸者，我们要尽可能帮助他们。一句简单的话语，可能就会给他们带去莫大的安慰，会带给他们雪中送炭般的温暖。

作家史铁生在20岁左右的年纪身患疾病，最后双腿瘫痪，不得不与轮椅做伴儿。在刚开始的那段日子里，因为病痛的折磨和身体的残疾，史铁生感到非常难过，他经常抱怨上天的不公，每天都在怨恨中度过，甚至还把对命运的那种怨恨发泄到母亲身上。他的母亲并没有怪他，而是不断地鼓励他、安慰他，告诉他“生命总是多灾多难的，人要懂得忍耐、包容”。

史铁生的母亲每天除了陪着他锻炼身体、鼓励他勇敢地面对生活外，还鼓励他认真写作，让他感受文学世界的美好。最终，史铁生终于从绝望和痛苦中走了出来，也因为写了一些文章而获得了名气。但是等到他终于明白母亲的良苦用心时，这位伟大的母亲已经离世了。史铁生写了一篇散文《我的地坛》，借此怀念自己的母亲。

俗话说：“每个成功男人的背后都站着一个女人。”如果史铁生的母亲没有用言语、行动来安慰、激励他，那么他就很难有勇气从沮丧、痛苦中走出来，我们也就不可能看到那些经典的文章了。

当别人面临痛苦时，我们可以用言语及时地给予他们安慰，让他们知道你并没有放弃他们，而是始终在关注着他们，让他们的精神和灵魂不再孤单。我们说的言语上的安慰并不是指单纯地说一堆好话，而是要在不同的情况下给予不同的安慰。这就需要我们在说话时掌握一定技巧，才能让安慰更加有效。

1.听比说更重要。遇到不顺心的事，人们喜欢向别人倾诉，这样才有一个出气口，让痛苦减缓。这时候，懂得说话的人应该学会倾听，学会用自己的眼、耳和心去听对方的心声，让他知道你在关注他。

2.要把握好时机。安慰他人是一门高深的学问，有些人只图一时之快，很容易说出让自己后悔的话。这样不仅安慰不了别人，还可能与别人结怨，起到反作用。因此，懂得说话的人应该懂得在适当的时机，说合适的话。

3.适时地哭泣也是一种安慰。当朋友、家人陷于情绪或身体的痛苦之中时，最佳的安慰方法并不是告诉他们“你应该……”或“你不应该……”而是应该允许对方哭泣，让他们可以将“情绪毒素”排出体外。所以，当别人情绪低落时，我们应该想办法让别人把自己的郁闷情绪发泄出来，而不是压抑在心中。

4.安慰他人需要感同身受。安慰别人不是判断他的对与错，也不需要用“同意”或“反对”来表达关心，而是应该给予别人一定的空间去做自己喜欢的事情。如果我们对别人的遭遇感同身受，这种表现，就能给予他们最好的安慰。

总之，懂得说话的人会在别人处于低潮时给予及时的鼓励和适当的语言安慰，让他们能够更好更快地从忧郁中脱离出来，积极地面对困境。当然，聪明的人还应该明白这样的道理：当我们帮助别人度过艰难的岁月时，不要“恃宠而骄”，更不要觉得别人亏欠我们什么，而是应该始终以一颗平常心去对待人和事。

聪明人都喜欢谈论别人感兴趣的事

生活中有些人经常抱怨没有人关心他，没有人听他说话。其实，不是没有人听你说，而是你说的话实在是很无趣，内容单调、乏味，导致别人都听不下去。因此，真正懂得谈话的人从来都不会以自己为中心，不会想说什么就说什么，而会根据别人的兴趣爱好谈论一些大家都喜欢听、愿意听的话题。

之所以会这样，说到底是因为每个人都希望能在谈话中得到有利于自己的信息，而不是浪费大把的时间说着别人的事情。

某小区里有两位退休在家的大妈，分别是刘大妈和王大妈。这两位大妈都是退休在家带带孩子，或者是与其他伙伴们一起跳广场舞，谈论一些小区里的“新闻”。但是，这两位大妈在小区里的评价却完全不一样。

先说刘大妈。刘大妈每天都会带着自己的孙子在楼下的花园里玩耍，顺便和别人说说闲话，但是，刘大妈每天说得最多的就是邻居家的“八卦”。刘大妈每天最常用的经典开场白是：“你们知道吗？就咱这小区里的 ×× 家里来了几个人，我跟你们说，他们是……”刚开始，还有人听，但是时间一长，就没有人乐意再听了，因为大家都很忙，而且大家担心刘大妈有一天也会这样说自己的家事。

再看王大妈。王大妈虽然每天也在楼下带孙子，但是王大妈每天只会跟别人聊聊哪个超市的菜降价了，或者是怎么哄孩子吃饭、睡觉等问题，却不会涉及别人家里的事情。而且，王大妈每天都会把天气预报、超市降价情况写到社区黑板上，这样方便大家上下班的时候观看。渐渐地，大家都越来越喜欢王大妈的贴心之举。

由此可知，我们在跟别人进行交流时，应该谈论别人喜欢的话题，而不是说一些没有价值的东西，否则我们就会像上面故事中的刘大妈一样被人厌弃。

或许有人会觉得这是在夸大事实，但是我们回想一下自己的经历，就会发现当我们与人交谈时，一定希望对方会和我们谈论一些我们感兴趣的，或者是对我们有利的事情，而不是我们一无所知，甚至是不想听下去的事情。将心比心，别人与我们交谈时肯定也是一样的念头。为此，我们应该学会谈论一些对方喜欢的话题，这样才容易让自己获得好人缘。

安尧是一家食品公司的经理，他一直希望自己能够成为一家大超市的供应商。这四个月以来，安尧不断地与那家超市的经理进行磋商，但是对方往往没有听安尧说完，就摇头拒绝了。原来，安尧向超市经理进行推销时，一个劲儿地说自己的工厂生产的食品有多么可口、干净，价格有多么低，还一说就说很长时间，而超市经理早就没有耐心和精力继续听下去了。

后来，安尧总结了失败教训，再和这家超市的经理进行谈话时，先开始从这位经理感兴趣的话题入手，再慢慢地引到自己的食品上来，接着又向超市经理分析了购买自家食品的好处，让对方明白和自己合作是有利可图的，这才慢慢地促成了这笔生意。

如果安尧没有转变策略，还是一直在“自卖自夸”，那家超市的经理肯定不会选择他家的商品。由此得知，我们要想与人交朋友，要想与别人进行合作，在说话时一定要有技巧，而不是想说什么就说什么。

生活中，经常有人自怨自艾地说“感觉自己不会再爱了，因为没有一个人懂自己”。其实，我们有什么资格抱怨呢？与其抱怨别人不懂我们，觉得我们与别人之间的谈话经常是鸡同鸭讲、对牛弹琴，还不如从自己身上找原因。因此，要想让自己知己遍天下，就应该懂得谈话的技巧，从而获得别人的认可。

1.说别人喜欢听的。要想让别人喜欢听自己说的话，在和别人聊天之前就应该先了解对方内心的真实想法，然后说一些别人喜欢听的话，而不是一味地说自己想说的话。我们要想与别人一见如故，在谈话时就要注意对方的感受，按着对方的喜好来进行交谈，和对方讨论一些他懂得最多、最感兴趣的事物。这样，我们才能顺利走进对方的内心，和对方成为朋友。

2.对自己不喜欢的事情要宽容以待。如果别人喜欢的恰恰是自己讨厌的，应该学会宽容以待，不要把自己的厌恶心理明显地表现出来，而是应该试着收敛自己的坏脾气，隐藏自己的不友善的表情，不能因为自己不喜欢，就阻止别人喜欢。

3.增加自己的知识量和见闻。平常多看一些书籍，对各方面的知识都了解一下，以免在与别人聊天时，不知道别人在说些什么。知识积累得足够多了，不仅能让自己对任何话题都侃侃而谈，改变自己“闷葫芦”的形象，同时也能让自己的气质得到提升。

求人帮忙，说些恭维的话也无妨

吉斯菲尔伯爵说：“各人有各人优越的地方，至少有他们自以为优越的地方。在其自知优越的地方，他们固然喜爱得到他人公正的评价。但在希望出人头地而不自信的时候，他们尤喜欢得到别人的恭维。”

实际上，几乎所有人都喜欢得到他人的肯定、赞美、恭维。假如你想求人办事，就应该适当地在言语上赞美别人。

丽莎因为最近炒股做投资还需要两万元钱，于是就向身边的人求助。但是，丽莎知道，一下子跟别人借这么一笔钱，还是投资在炒股这种事情上，且她的工资又不是很高，如果别人知道了，肯定不愿意借给她。于是，丽莎就认真想了一下策略，瞄准对象后，她就像“猎人”一样向着自己的“猎物”出手了。

丽莎计划借钱的对象是她大学时期的一个同学，她们那个时候的关系还不错，这几年也一直有联系。而她这个同学嫁了一个有钱的老公，同学自己也在银行上班。所以，丽莎想，跟她借两万元钱不是什么大问题，就挑时间把她约了出来。

二人一起逛街，聊着家庭、同学、工作上的八卦，丽莎在言谈之间对这位同学的好婚姻和好工作不经意地表现出艳羡，这使得她的同学在言谈间也更加自得起来。后来，丽莎就说到一位朋友在炒股，轻轻松松赚了很多钱。这位同学听后，就说：“我听人说，炒股风险很大，不是很靠谱。”

丽莎一看这位同学主动问起来了，就解释道：“这得看方法和眼光对不对了。哪一行都是这样，有赚就有赔。像我这朋友，不就赚了？再说了，炒股就是钱生钱，而且只要资金雄厚，一般多少都会赚一些。那些赔了的，是因为过于胆小而不敢投资，才给套牢了。像你家这种情况，完全就不用担心，肯定稳赚不赔。”

这一番话说得丽莎的同学明显心动了，拉着丽莎咨询了一堆问题。然后，丽莎又不失时机地说出自己手头上正好有个资源，就是资金不够，而丽莎的同学一听，就欣然加入了。

丽莎之所以能够成功说服同学和自己一起炒股，就是因为她有一张巧嘴，说得自己的同学跃跃欲试，进而同意了丽莎的提议。丽莎的这一番说辞，在外人看来并不是她在求人，而是在帮助别人，让别人和她一起投资，不可谓不聪明。当然，炒股有风险，丽莎的理由不值得推崇。

“人性的弱点，决定了人是最禁不住恭维的动物”，我们都喜欢听到别人的赞美、恭维，当听到别人的吹捧和赞扬时，心中就难免产生一种莫大的优越感和满足感，往往也就会高高兴兴地听从对方的建议。

当然，恭维的话虽然会让别人感到高兴，但是如果说话不当，就会破坏别人的好心情，也让自己恶心不已。因此，说好话的时候要有技巧，要看对方喜欢听什么样的好话。

1.说好话应该做到坦诚得体、不做作。有些人为人比较虚伪，他们在恭维别人的时候说出来的话都是一样的，就像是有一个既定的“模版”一样，这样千篇一律的说辞只会让听到的人反感和厌恶，恨不得离你越远越好，又怎么会认真帮你的忙呢？

2.要说积极向上的话。一些人认为：既然我求别人帮忙，就需要激起别人的同情心，这样别人才会同情我，那我就应该表现出一副我很凄惨、很沮丧的样子来。在这样的心理诱因下，有些人就会情绪低落地说一些沮丧的话。殊不知，人们虽然都同情弱者，但是情绪过于低沉会让别人看着心里也不舒服，让人感到压抑，自然也容易产生不耐烦的情绪。

3.注意语气和措辞。求人办事，即使是面对关系很密切的人，也要注意自己的措辞、语气。切忌使用命令的口气，比如“你必须帮我办”“一定要完成”。最好使用缓和、令人舒服的语气，比如“请尽量帮我一把”“最好能帮我干到底”，给人留下回旋的余地。

4.你需要对方做什么就说什么。我们求助别人，一般都是因为我们在某些方面不精通，而对方却很擅长。所以，我们除了求人要“术业有专攻”外，还要尽量肯定别人擅长的方面。只有当一个人很有兴趣地谈到他的专长时，我们适时地提出与之相关的要求，才会让他拒绝我们的可能性变得最小。

强行插话，只会让别人厌恶你

在聚会上，你看到别人风风火火地聊了起来，恐怕也会不甘寂寞，想适时地插上几句话。

要插入别人聊得正兴起的话题中，看似简单，但也是一门技术活，稍有不慎，就可能把别人的话题给打散了，让场面陷入尴尬之中。

任白是一家中型公司采购部经理的助理。虽然他只是助理，但负责的工作内容却很杂乱，基本上算是采购部的半个经理了。因为工作能力较强，而且踏实肯干，也确实为身为采购部经理的杨辉分了不少忧。

杨辉经常有应酬，无非就是一些经销商想通过杨辉获得供货资格。当然，也有一些客户已经和公司达成了长期合作，之所以时不时请杨辉吃饭，是为了巩固感情，生怕一个不留神，这位“财神爷”就被别人抢了去。

一天，杨辉找任白前去参加一次合作谈判，这让任白既有些兴奋，又有些恐慌，生怕自己应付不来。

到了谈判场所后，双方客套了一番，杨辉就和那名经销商谈起了业务上的事。任白心想：让我来，我至少得起到一些作用吧，总不能这样干坐着，当摆设吧？

于是，他便想找机会插些话。

“你们的东西还是不错的……”

“的确，这个我最清楚了，你们的东西在我们公司还是颇受好评的，就是供货时间上总是会有些偏差，我发现一些小规律，你听听看是不是……每到月底那几天，打电话让供货就慢些，有时还会拖几天，其他时间就稍好些，相对快速准时一些。”杨辉的话只说了一半，任白就抢着说了这么一大段话。

“小任，这位方总和我交谈过，主要是月底补货的公司太多，他们那边人手会很紧张。所以方总，这次的话……”

“对，这次我们不妨就这件事，好好谈论一下解决的方法，总这样也不是个事啊。”任白早就听杨辉唠叨过这件事，说再见到经销商的面，一定要好好说说这件事。所以，他想自己应该是说到点子上了。

“是是是，任先生说得是啊。我们那边会做改善，再增设一些人手或是为贵公司指派专员，以确保准时到货。”

“哦，那我们杨经理就放心了。”

“杨总，您就放心吧。”

“嗯，我放心着呢。有小任在，我有什么不放心的。”

“哈哈，是啊，经理，有我在，您就放一百个心吧，这件事情我督促着。”任白不由笑了起来，但他从客户脸上读出了一些尴尬的味道。再看看杨总，把所有的目光全放在了一个菜上，拿着筷子漫不经心地夹几口，嚼了嚼。

任白顿时感觉到有一股凉意涌上心头，于是低声叫道：“杨总？”

“嗯？怎么了？”杨总一副恍然回神的模样，看看任白，又看看方总，然后哈哈大笑着对任白说：“你们讲完了？那就暂时告一段落，先吃点喝点，再接着聊。”

几个人在一起时，谁也不想被晾在一边干坐着当摆设，看到他人兴致勃勃地聊着一些话题，想要上去凑一嘴，这也是可以理解的，属于情理之中。

然而，插话最忌讳的就是不分情况硬往里插，正如任白这样，领导在和对方的负责人谈话，而且还是工作上的事情，他却强行插话，这肯定是不合时宜的。

虽然任白对工作上的事情并不陌生，可能也常和对方公司的下属打交道，因此觉得自己插的话不会有什么差错，但是他没能考虑到杨辉作为经理的立场。

很明显，任白的插话有些喧宾夺主了，这会让杨辉觉得自己在客户面前没面子，也会觉得自己像是任白的助理。

“嗯，我放心着呢。有小任在，我有什么不放心的。”这便是一种潜在的反抗与不满的情绪发射，但任白完全没有体会到，甚至还误以为杨辉是在夸自己，反而更加活跃地大表忠心。

其实，即便杨辉直到最后也没有明确翻脸，但那带来阵阵凉意的“沉默”便是对任白最好的提醒与教训，尤其是最后那一句“你们讲完了？”更是表露了他心里的不满与不悦。

从这个事例中，我们可以吸取一些教训，总结出一些经验：

1.看清自己的角色，该沉默时便沉默。领导谈话，秘书、助理等陪同最好不要随便插嘴，在领导话题遇到瓶颈或是尴尬时及时出来调解、救场就行。

2.插话插两分。如果是陪客，即便是自己能插得上嘴的话题，也要保留几分，不要把话全讲满了，让别人无话可讲。

3.不发表决策。领导间相互交谈工作时，不要胡乱发表自己的看法，甚至乱说决策性的语言。

不要用命令的方式跟下属对话

假如你是一位领导，那你不可避免地要经常与下属进行沟通。掌握良好的沟通艺术，是成为一个好领导的必要条件。遗憾的是，很多领导在与下属沟通时总是频繁地出现问题，这不仅会降低他们的威信，也会影响正常的工作。

作为领导，应该如何与下属进行沟通呢？可以参照以下几点建议：

1.下达指令要清楚明确。喜欢长篇大论是很多领导的通病，可是结果呢？你在费了半天口舌之后，却发现下属们根本不明白你要表达什么。作为下属们心中的权威人士，领导所说的每句话、每个字都会被下属当作重要信息。但如果下属接收的信息太多，他们就会忽略领导所想表达的核心思想。

身为领导，最基本的一项职责就是能够清晰明确地下达指令，把自己的意思简洁有力地表达出来，并有效地传送到下属们的脑子里。你不光要考虑表达些什么，更要考虑倾听的人能够接受多少。所以尽量不要让你的话有歧义，不要超出下属们的理解范围。同时，还要避免说那些不着边际的话。下属唯有彻底领会了你的意思，才可能更好地工作。况且，长篇大论确实没什么作用，下属们有自己的工作要忙，他们可不是来听你胡扯的。

身为领导，发布指令不要随便更改，一定要考虑成熟之后再发布。不少领导，脑子里充满了新奇的想法，“点子”一个接一个，却总是朝令夕改，不能长久地执行下去。要知道，这样反反复复地修改指令，会让下属们根本不知道该怎么开展工作。有时候，领导给他们传达的几个指令是互相矛盾的，却浑然不自知。

2.批评下属要讲究效果。当下属做错了事情，或没有按时完成任务时，作为领导当然要对其进行批评。但要注意一点，你必须以解决问题作为出发点。批评时要始终保持平静的态度，不要让下属感觉是在被审判。你应该营造一种平和、认真的沟通气氛，这样才能有效地找出问题的症结所在。批评时要“对事不对人”。让下属在被批评的时候，感觉出你是在针对具体的事情，而不是针对他本人。

批评时要做到公平、公正。指明下属所犯的错误和应负的责任时，要保持公正的态度。任何一个错误都不是一个人单独造成的，况且你的下属也不希望出现这样的错误。所以，不要给他一种罪无可恕的感觉。

批评时要对犯错误的下属进行适当的鼓励。犯错误的下属本来已经非常沮丧，很可能他已经对自己失去了信心，这时候他正需要别人的肯定和鼓励。你给他鼓励，指导他改正错误，他会更乐于听你的建议。

3.随时找下属谈心。领导应该及时了解下属的想法和意见，这样做可以防患于未然。通常，找下属谈心是最直接有效的沟通方式。不过，在做这件事的时候，想要达到预期的效果，还得注意以下几个方面：

一是确立谈话目标。谈话之前，先确立你这次谈话的具体目标和主题，对你想要与对方进行交流的信息进行总结，然后安排谈话的时间和地点。

二是透彻了解下属。对于你的谈话对象，你要彻底了解，并从他的角度去考虑问题。同时，你还要清楚，这次谈话对他会产生什么样的影响。

三是对谈话进行引导。将你们的谈话引导到你预定的谈话方向上。这样的话，你会收到意想不到的效果。

4.让下属服从自己。领导最喜欢看到的，就是下属毫无抱怨地服从自己每一个指令。在这方面，有一条法则非常适用，那就是“手持大棒悄悄走路”。当你“悄悄走路”时，你能很轻松地发现下属需要什么，然后告诉下属你可以满足对方的需求。这样的话，就能够很好地掌控下属。

在这个过程中，你可以采取三种方式来满足下属的需求。

一是有意地夸奖下属。称赞这种方法虽然有点老套，但非常有效。肯定下属的工作成绩，告诉他你需要他这样的人才，他会更加服从你。

二是让下属明白工作的重要性。通过了解下属的需求，告诉他这份工作能够满足他的需求，就能让他心甘情愿为你效劳。

三是给予他实际的好处。你要让下属明白，只要他干得出色，就可以得到很多实际的好处。这是非常有用的方法。倘若你遭遇了失败，也不要丧气。因为毕竟你是领导，亮出你的“大棒”挥舞几下，他自然就会听命于你，但这种方法还是尽量少用为妙。

别担心，吵架有时也是一种沟通

生活中最容易争吵的就数伴侣、家人和朋友了，越是亲密的关系越容易产生矛盾摩擦，双方闹矛盾的一种状态是冷战，心里装着不满，却没有激烈言行，以其他方式表现出来；另一种是“热战”，也就是吵架。

在中国传统观念里，和谐是非常值得称道的状态，与人为善的首要标准就是“跟谁都没红过脸”，一辈子相敬如宾没吵过架的老夫老妻更是子女们学习的楷模。然而，随着社会的进步，女性地位的不断提升，夫妻关系在潜移默化地向着更平等、更开放的境界发展。有不同意见时，据理力争跟逆来顺受相比渐渐占了上风。对绝大多数夫妻来说，一辈子不吵架是不可能的事，同样是吵架，有的越吵感情越牢固，有的却只能以分手收场。

张欣和王宇是一对相恋了两年的小情侣，俩人都属于性格内向的闷葫芦，平时在一块不像别的恋人那样花样百出、吵吵闹闹，他们都是绝对的“和平主义者”，非常抵触吵架，也约定好，不管有什么事，都要心平气和地交流，绝不争吵。

恋爱两年，走到了谈婚论嫁的当口，他俩便向双方父母申请在年内择佳期举行婚礼，正式成为夫妻共同开展新生活。但就是谈婚论嫁、筹备婚礼这事，让原本亲密和谐的两个人第一次产生了巨大的分歧。

事情要从双方家长说起，张欣的父母都是商人，一起经营一家规模不小的贸易公司。张欣是独生女，从小成绩优异，长大后考入名牌大学医学系，经过5年辛苦学习，成为一名见习儿科医生，正向着主治医师的方向发展，工作顺风顺水，前途一片光明。

这是老张家第一次也是唯一一次嫁女，他们要把婚礼办得风风光光、体体面面，对他们来说，排场越大越好，那样才对得起自己的宝贝女儿。而男方王宇是家里的小儿子，上面有一个哥哥已经娶妻生子，老王两口子都是大学教师，家里衣食不愁，却远没有达到有钱的标准。家里大哥的婚礼花销已经不少，小儿子的婚礼如果还要大办特办，人力财力上都会有很沉重的负担。针对婚礼多大规模，怎么个办法，双方的家庭抱有完全不同的理念，张欣父母怎么也不答应轻易将优秀的女儿嫁出门，张妈妈更是每天在女儿耳边吹风，说女人便宜嫁了，未来在婆家会被轻视，婚礼从简就是不拿新媳妇当回事，迎娶容易，离婚更容易。而王宇的父亲则认为，一场婚礼就要花掉王家所有积蓄，这样败家的媳妇娶进门，以后王宇的日子会更难过。张欣家有钱，有钱人的坏毛病太多，娇生惯养的千金小姐可不好伺候，王宇娶了她，等于给自己娶回个祖宗要全家帮着供奉，早晚还会因为王宇不够有钱离开他。

张欣和王宇的争吵就发生在双方家长对婚礼安排做了最后通牒之后，张欣告诉王宇，她妈说了，没有奔驰车队，没有酒店花园包场，没有八千元一桌的婚宴大餐，这个婚就别想结；王宇也告诉张欣，他爸说了，有钱也不能那样挥霍，更别提他们家没有那么多钱，婚礼可以好好办，但是什么八千一桌的婚宴他们家买不起，非要高消费也行，张家自己出钱。

这事断断续续已经折腾了快两个月，最后这么个结果，就是谈不拢，王宇自嘲地笑笑说："赖我这个教书匠没本事，我们家穷，可能我真的配不上你这个金枝玉叶。"张欣听他这么说，眼泪一下就涌出了眼眶，她说："王宇，你有没有良心，我是什么样的人你不知道吗？我父母这样提要求我也觉得有点儿高，但是我们家就我一个女儿，我妈是心疼我怕我受委屈。"王宇听她这么说，有点急了，厉声回道："你妈就知道心疼你，什么时候想过我，那我父母怎么办，棺材本儿都要用来买你家的脸面了。”张欣听他这么说，也急了，吼道：“王宇你说的是人话吗！我真是瞎了眼，这两年我跟着你过的叫什么日子，我自己花进去多少钱你心里有数！”

就这样，两个人从婚礼吵到日常琐事的点滴，每一次有矛盾时压抑不吵的意见都转化成了这次爆发的动力和指责对方的依据。他们才发现，原来一直以来为了不吵架而回避的那些问题，其实一直都还存在着，只是结婚让那些矛盾变得不能再逃避。

像张欣和王宇这样平时不吵，一旦翻脸就是天崩地裂的恋人成了现今“闪婚闪离”的主力军。小矛盾出现时不当回事，有了意见也不知道怎么跟对方说，不懂得如何进行良性争吵的两个人，恐怕一吵架，感情就不好了，甜蜜和幸福就不在了。实际上吵架并不必然会消灭相爱的情感，胡乱指责、不讲究方式方法的恶斗才伤感情，而良性争吵非但不会让夫妻疏远，反而能越吵越亲，拉近心灵的距离。

所谓的“良性争吵”，是人与人之间交往、相处、沟通的一种必须方式。在情绪已经不能再压抑，有不吐不快的冲动时，不妨像“竹筒倒豆子”那样把自己真实的想法说出来，不仅可以有效宣泄负面情绪，还可以帮助对方了解自己隐藏的意图，进而才能互相解释、调整、改善自己的行为。将其中的误会解开了，心结也就解开了，坦诚相对、紧密相依，共同承担起家里的责任，这也是婚姻最核心的基本功能之一。

告别恶斗，通过良性争吵释放负面情绪，你必须明白：

1.恶斗最大的特点就是重复。每次发生分歧都是针对同一个问题，说明问题根本没有得到解决，或者你们之间的问题是涉及性格、重大人生观和价值观、积习冲突的深层次矛盾，根本无法通过沟通解决。

2.坚守三个“绝对不要”的原则：否定对方角色、否定对方价值、因为一件事否定所有事的话和破罐子破摔的话绝对不要说；公共场所、双方的亲友和同事面前、开车时绝对不要吵；小动物、小孩子和家中物品绝对不要波及。

3.吵架不是为了伤害对方，就像彼此靠近不是为了互相折磨，我们是因为爱和喜欢才成了伴侣或朋友，不管对事有多么不满，对人要始终抱有善意，勿忘初心。

说话是否幽默会决定一个人的魅力

每个人都想成为一个有魅力的人，但魅力来自哪里呢？可能源自得体的服饰、亲切的笑容、儒雅的个性……还有，如果能同时再多一点幽默，那就更能彰显魅力了。

幽默的人是豁达乐观的。现代人面临着家庭、事业的双重压力，极容易陷入一种压抑的状态中。而具备幽默能力的人则能借助幽默的语言，合理、适度地调整自己的心情，从而既没有“储存快乐、过时作废”的担忧，也没有“怨艾郁积、累累成愁”的隐患。幽默的人身上时刻彰显着一种豁达的气度，乐观的风采。在幽默的影响下，他们的魅力变得清晰起来，有了生动的韵味。

幽默的人是自信迷人的。自信是最有魅力的表情，而幽默恰恰展示了一个人的自信。那些拿自己的缺点劣势自嘲的人，看似是自己看不起自己，实则是相信自己，不畏惧自己的缺陷被人评说。那些在困境中犹可以谈笑风生的人，无疑是开朗豁达的，必定会受人喜爱。

幽默的人是热爱生活，积极向上的。幽默是一种健康的品质，更是一种生活的情趣。所以，我们能从幽默的人身上感受到他对生活的热情。在快节奏的现代社会中，生活的压力是无处不在的，没有谁愿意看到一副死气沉沉的面孔。如果我们面对的是一个幽默的人，那我们的疲惫心情就会得到缓解，畅快起来。

幽默的人是聪慧机敏的，因为幽默是一种随机应变的能力。具有幽默能力的人，能够用幽默化解尴尬，缓和矛盾，令人称奇、叫绝。

著名主持人杨澜曾在广州担任一场文艺晚会的主持人。杨澜上场时，一不小心踩空，滚落到台下。意外一出，满座哗然，一些观众甚至还吹起了口哨。登台亮相时的马失前蹄可以说是主持人遭遇的最大尴尬，因为意外摔倒带给观众的滑稽感觉破坏了晚会的演出气氛，也有损主持人的公众形象。

然而，杨澜镇定自若，重新上台，笑着说："真是人有失足，马有失蹄啊，我刚才的'狮子滚绣球'还不够熟练吧？看来这次演出的台阶不那么好下啊，但台上的节目会很精彩。不信你们瞧他们……"

杨澜出丑后，并没有刻意回避尴尬，而是利用风趣、机智、幽默的话语巧妙地摆脱了困境。紧接着一句“狮子滚绣球”的幽默自嘲，化解了观众不友善行为引发的尴尬。最后，杨澜利用台下和台上的关联，顺势引出精彩节目，把观众注意力转移到节目中来。杨澜的幽默应变，不得不让我们叫绝。

幽默是让我们增添魅力的要诀，但幽默不是一件容易的事情，需要我们好好学习。

1.我们要弄清什么是幽默，领会幽默的内涵。要知道，幽默不是油腔滑调，不是嘲讽，不是插科打诨，而是思想、学识、品质、智慧和机敏在语言中的运用。正如作家王蒙所说：“从容才能幽默。平等待人才能幽默。超脱才能幽默。游刃有余才能幽默。聪明透澈才能幽默。就是说，浮躁难以幽默。装腔作势难以幽默。钻牛角尖难以幽默。捉襟见肘难以幽默。迟钝笨拙难以幽默。”

2.要有豁达的心胸。心胸狭窄的人很难成为一个真正意义上幽默的人。他所谓的幽默，很可能是让人不舒服的尖酸刻薄。实质上，幽默是一种宽容的精神表现，所以要做到真正幽默，应该抛弃那种事事斤斤计较的做法，用乐观、豁达的心态看待事情，尤其在逆境中更要从容乐观。

3.扩大知识面。幽默是以丰富的知识为基础的，只有有了广博的知识，才能自由联想，妙言成趣。因此，我们就要不断地充实自我，增长见闻。多读、多看、多听、多学。同时，我们还要提高观察事物的能力。一个人若能迅速敏捷地捕捉事物的本质，才能用诙谐的语言，令人们产生轻松的感觉。

Part 4

拒绝要趁早：

有些话不说出来，就会给自己添麻烦

隐忍要有限度，当心憋出内伤

任何人的忍耐都是有限度的，一味地忍耐，到最后很可能让自己憋出内伤，或者因一时想不开而采取极端手段。可见，隐忍要把握度，不要将自己逼上绝路。

我的朋友小茹是个北漂姑娘，为了省房租，她和两个大学女同学合住。虽然三个人交情还不错，但是住在一起后就不一样了。每个人都有自己的生活习惯，那两个女孩比较强势，而小茹性格比较软弱，因此三人之间有冲突的时候，总是她在退让。虽然避免了口舌之争，但是小茹越来越觉得不舒服。

原先只是在一些大事的处理上存在分歧，后来在一些小细节上也让小茹感到不快。

小茹跟朋友们聊天的时候，总是“大吐苦水”，说她那两个室友简直是“奇葩”，从来不拖地，用过厨房后隔上好几天才收拾，鞋子到处乱扔……因为都是一些鸡毛蒜皮的小事，多数人都认为小茹太过斤斤计较了，因此附和她的人很少，大家都劝她把心放开些，忍一忍就过去了。

大概是因为找不到支持自己的人，她便不再跟朋友们提这些事了。这样一来我反而有些担心了。这些日常的烦恼，如果她找不到合适的方式倾诉一下，就只能积压在心头，对她的身心造成不良影响。于是，我时不时就会和她联系一下，听她聊聊那些烦心事。

久而久之，我发现她之所以会有那么多抱怨，是因为她和另外两位室友处于不平等的地位。她们对她的要求，她都努力做到了，但是她对她们的要求，她们起先还会听一听，之后就左耳进右耳出了，甚至有时候会当面拒绝。而这种时候，她也只是选择忍气吞声，因为觉得以后相处的时间还长，撕破脸不好。久而久之，她们大概也看出她是个“软柿子”，开始变本加厉，比如将打扫卫生这种本该分摊的事情都推给她。

虽然只是一些小事，但是一件一件积压下来，还是让小茹难以承受。现在她一想到下班回家后要面对两个“奇葩”室友就觉得难受，好几次她都想搬走，可是一时之间也找不到更合适的住所。她跟我说，她也不知道自己可以忍到什么时候，生怕自己失控跟室友闹翻。

当她又一次跟我抱怨时，我很坦率地说："你心里有不满，为什么不直接说出来呢？你憋在心里，她们只会觉得你活该吃亏。你又不是要和她们过一辈子，有什么说不出口的。你以前跟我说你顾及颜面，可是人家都不顾，你还非要打掉牙齿和血吞吗？你一直这样忍，她们就会对你好一点吗？你这样只是让自己变得越来越好欺负而已。"

她听后沉默不语，半晌才说"会试着改变"。我知道对她来说，和那两个室友发生分歧是一件很糟糕的事。但我还是希望她可以尝试一下，如果她每次都是习惯性忍让，情绪会越来越焦躁，那样反而可能引发更加糟糕的事情。

过了一阵子，小茹跟我说，那两个室友拜托她帮忙从外面带饭时她拒绝了——虽然是顺路，但她就是不想带，所以断然拒绝了。我觉得这是一个好现象。之后，打扫室内卫生的事她也不再大包大揽了，每天定时清理自己房间的生活垃圾，至于那两个人的，她们自己不清理，她也就当没看见。起初那两个室友还有些诧异，甚至摆脸色给小茹看，小茹就当没看见一样。后来她们见小茹不像以前那么好说话了，反倒没以前那么嚣张了，也开始主动打扫室内卫生了。

因为居住状态的改善，小茹的心情好了不少，现在她已经很少"吐苦水"了。不论是在和室友的相处上，还是在工作上，她都一改往日的懦弱，开始大胆表明自己的立场，这并没有给她的人际关系带来麻烦，相反，她因此更加自信了，也更加受欢迎了。

在日常的人际交往中，忍让或许可以帮你解决很多麻烦，但是你心中也相应地会增加芥蒂和负担。如果不能及时排解，那么这些负能量会一点一点累积，直到你不堪重负时崩溃或者爆发。到那时，或许会有更恶劣的事情发生。为了避免这种结局的出现，你应该适时地进行拒绝。

1.熟人之间，更要敢于说出自己的想法。面对熟人时，我们常常被人情绑架，不好意思表达自己的真实想法。其实，熟人是最容易理解你的，只要你敢于开口，很多事都能轻松解决。

2.事情不分大小，想拒绝就拒绝。当别人请我们帮忙办件小事时，我们总觉得，这不过是举手之劳，没必要拒绝。但如果别人经常请你办一些小事，这些小事就变成了大事，直至让你吃不消。因此，无论事情大小，只要你不想做，都可以大胆拒绝。

看不惯就说出来，没有谁故意为难你

有人指责你，你表面不动声色，心里却对其不屑一顾，暗想自己不会与这般粗鄙之人计较，这种人注定不会有多大出息。

有人羞辱你，你不愿反抗，安慰自己说真英雄才不会在意这些，宁做忍辱后发的韩信，不做自断后路的项羽。

有人不断强求你，你不肯拒绝，一边心里滴血一边替人做嫁衣。不仅如此，你还告诉自己有付出必有回报；即便没有，也对得起自己的良心。

不管面对怎样的不公，你总是能迅速地调整自己的心态，让自己变成精神上的强者。虽然你是被欺辱被占便宜的那一方，但是在你心里，你还是瞧不起那些人。你用悲悯的眼神看着他们，就如同看迷途的羔羊，你从内心深处怜悯他们，觉得他们为了蝇头小利竟然可以露出丑恶的嘴脸，竟然可以忽略人生中真正的美好，实在是可笑又可悲。

每一次在行为上或言语上被旁人牵制之后，你就会化身精神上的巨人，去宽恕他们，原谅他们。这种伟大高尚的情绪充盈了你整个身心，让你觉得自己也变得伟大无比，如同圣人一般。

可是你真的那般形象高大么？其实，这是你的自尊心在作祟，你只是不敢态度坚定地拒绝他人；同时，心里又不愿承认自己软弱，从而为自己找了一堆看似能说服自己的理由，好让自己看上去是坚不可摧的。

有欺辱，忍着；被强求，应着；困于逆境，永不抵抗，永不拒绝。自以为这是生存之道，自以为这算能屈能伸，却从来没有意识到，一味地逆来顺受，已经抹去了你的血性、你的激情、你的抱负。你只是在“屈”而已，哪里有“伸”的机会和勇气？逆来顺受不会改善你的现状，反而将你变得越来越颓废，越来越无所谓。

很多人觉得自己不过是忍一时，不至于忍一世，他日飞黄腾达，自然不会再忍气吞声。可真的是这样吗？人外有人，天外有天，你所处的圈子总是会有一些人比你强，让你不能不忍，不敢拒绝。我们的生活和工作是从一个圈子跳到另一个圈子，若你不去改变自己的态度，你脱离了现在的圈子，在未来的圈子里你也不会有大的转变。你如何过你的一天，你就如何过你的一生。

诚然，我们不需要凡事都摆出一副宁死不屈的态度，但是你至少应该懂得何时说“不”，你至少应该懂得自己的时间和精力是有价值的，不能白白付出，在自己的利益受到侵犯的时候，勇敢地站出来为自己申辩和抵抗。

有一些很好很热心但不懂拒绝别人的人，他们并不是不想拒绝，而是不敢拒绝，生怕一不小心，就会伤到跟别人之间的关系，或者得罪对方。可是我想说的是，因为你的拒绝而对你心生怨恨的人，你又何必与之深交呢？

有一个姑娘，跟同事非常自来熟，同事有什么小事都去找她，今天让她帮忙做个表格，明天让她帮忙写份资料。有一次，一个同事当晚约好相亲，手头有一份文件还没整理完，就拜托这个姑娘帮忙。这个姑娘心里有些不情愿，但还是答应了，结果晚上加班到十一点半才完成。其实，这份工作不是很着急，那位同事完全可以第二天继续做，他就是拿准了这个姑娘凡事都忍气吞声的性格才把工作交给她。而这个姑娘也心知肚明，只是没有拆穿，没有拒绝。

生活中，我们也经常遇到别人请我们帮忙的情况。比如，你的同事每天都让你帮忙带早点，并且指定了某几种。当然他求你是有原因的，或是住的地方太远或是容易睡过头或是上班路上没早点摊，而你每天上班都经过早点铺，觉得没问题便答应了。可是你也有不方便的时候，有时会起晚，有时会堵车，如果不用给他买早点，自己带点面包或饼干就打发了；可就是因为要给他买早点，顶着迟到的风险也要去排队。你很想拒绝，又觉得自己不厚道，因为对方事前给了早点钱事后又热情道谢，这让你很难说“不”。

时间长了，你表面上不说，心里却越来越不满，因为没法将拒绝说出口，你只好安慰自己就当锻炼身体，就当提高自己的修养。可是这种安慰只能发挥一时的作用，你做不到每天都这样安慰自己。你开始将焦躁的情绪带到工作上，甚至一想到那个同事你就会心烦，一看到他心情就变糟。可即便如此，你还是坚持要逆来顺受不做“抵抗”，这不是在给自己制造麻烦吗？

有时候人们把拒绝的后果想得太严重，觉得拒绝一说出口，缘分就得两边走。可是真的有那么多人会因为别人的合理拒绝而心生怨恨吗？如果对方是这样小心眼而又自私的人，你要做的就是远离他。我们身边的多数人，在请求他人时都怀着感激，而即便对方拒绝了，也不会因此而愤恨，仍然会向对方表示感谢，这才是常态。因此，你也不用将自己逼到忍无可忍的地步，觉得不能忍，直接说出来就好。

1. 凡事都不要逆来顺受。想要摆脱逆境，正确的方法应该是直接打破，勇敢说“不”，而不是找出各种冠冕堂皇的理由来为自己的胆怯开脱。

2.你坦荡，别人也会坦荡。当你无力帮助别人时，坦荡地说出来，别人自然能坦然接受。面对别人的请求，如果你摆出一副满腹心事的样子，反而会引来别人的猜忌。

用温言巧语拒绝他人，可以不伤感情

男人在拒绝别人时，总喜欢直截了当，因为他们坚信“长痛不如短痛”，这样直接告诉对方比一直干耗着好；女人恰恰相反，即使真的不喜欢某件事或者是没有办法答应某件事时，通常都不忍心告诉对方，怕对方伤心难过。

其实，在生活中总有些聪明又善解人意的女人，她们非常精通说话的奥妙，懂得语言的神奇魅力所在。对于不喜欢的事物，她们会加以拒绝，但是拒绝得比较婉转，更容易让对方接受。

有个男人花钱大手大脚，经常会买一些家里用不到或者是已经有了的东西，他还为此洋洋自得，认为自己是一个爱家的好男人。他的妻子说过多次，但这个人都不为所动，甚至还和妻子争吵，认为妻子管得太严。他的妻子为此苦恼不已。

后来，他的妻子发现：如果跟丈夫直接说“你不要再买……”“我不喜欢你这样做”等话的时候，丈夫会特别反感，甚至会说：“你不喜欢，我喜欢就行了。”于是他的妻子尝试换个角度来说，起到了意想不到的效果。

这一次，丈夫看到一只可爱的小狗，就对妻子说：“它们太可爱了，我们带一只回家吧？”但是家里已经有两只猫咪了，而且妻子知道，丈夫只负责把狗带回家，却不会照顾它们。于是，妻子对丈夫说：“这只小狗很可爱，我也同意把它带回家。这样的话，我们家有狗有猫，狗追逐猫，猫躲避狗，多热闹呀！”妻子一说完，就看到丈夫露出了吃惊的表情，然后他打消了买狗的念头。

这位妻子非常懂得如何拒绝丈夫的不合理要求，她不会明明白白地拒绝，而是表面上假装同意，实际上却告诉丈夫这样做有可能带来的“后果”。这样一来，丈夫就清晰地认识到自己是错的。

每个人都有自己的想法，也希望自己提出的建议能够被别人采纳。如果女人太过心直口快地拒绝，就难免让对方感到不愉快。而且，一个人拒绝的态度，很有可能决定了此次拒绝的结果。因为人人都喜欢和态度温和有礼的人打交道，即使得不到对方的认同、帮助，也希望自己能够得到尊重，被以礼相待，这样的话，即使是被拒绝，也不会觉得有多难受，反而会因为对方的彬彬有礼而理解对方的难处。

一位老客户给市场部的经理吴女士打电话，希望吴女士能把自己的进货价再降低几个百分点。这让吴女士感到非常为难，因为给这位客户的进价已经比较低了，再降的话公司老板或许不会同意。但是，这位老客户不仅跟公司的合作时间最长，而且也能为公司带来很大的利益，如果直接拒绝，说不定会让客户不高兴。

于是，吴女士马上跟公司上层进行沟通，最后公司给出的答案是不能再降价，但是可以给予其他方面的福利和优惠，总之是一定要把这位客户留住。吴女士收到指示后，邀请这位客户进行面谈。

吴女士见到这位客户后，并没有直接商谈货品的进价，而是先询问了对方公司的发展情况和市场前景，然后由其他公司的价格转到自己公司上来，非常诚恳地说："张先生，说实话，我们给您的价格可以说是这个行业里的最低价，我相信您也有所了解。我们是合作多年的老朋友了，按理说您提出的要求我们都会尽量满足的，但是这个价格实在是太低了，请恕我们难以答应您的要求。不过，为了大家的发展，我们公司决定在配货时给予您公司一个季度的免费配送，您看怎么样？"

这样委婉、诚恳的说辞不仅没有让张先生感到不满，反而让彼此之间的联系更加紧密了。

如果吴女士没有询问上层的意见，而是直接回绝张先生的要求，很有可能会因为说话不当而得罪张先生，从而失去这位大客户。所以，我们在拒绝别人时，一定要慎重对待，以免在无形中得罪他人而不自知。那么，懂得说话的人在拒绝别人时一般都会怎么说才不会让对方感到难以接受呢？

1.拒绝别人时，态度要和善。且不说被拒绝的人本来就是受伤害的一方，不管是什么原因，我们在拒绝别人时就算找的借口再合理、说辞再漂亮，对方也难免感到失望、难过、遗憾。如果选择温和的态度，则会让冰冷的拒绝适当回温，可以缓解彼此之间的关系，使拒绝变得温馨一些。

2.拒绝对方并不等于把对方拉入黑名单。有些人不会拒绝别人，在拒绝时不仅表情僵硬，而且说话也难听，好像对方跟自己有什么仇似的。我们应该记住：之所以拒绝别人，只是因为当时无法满足对方的需要，而不是与对方有什么深仇大恨。所以，我们应该时刻保持有礼、和善。

值得注意的是，和善不等于谄媚。有些人觉得拒绝对方，让对方受到了伤害，感觉就像是欠了对方什么东西一样，会不自觉地照顾对方的感受，甚至不惜放低自己的身价，低三下四迎合对方。如果一次拒绝就让我们变成了这样，那还不如不要拒绝。

力不能及的事，干吗要答应

网络上有一句流行语：小时候我以为自己能拯救全世界，长大后才发现全世界都拯救不了我。这句话的主旨是讽刺那些只会空谈、幻想，却没有能力付诸行动的人。

现实生活中，这样的人不胜枚举，他们明明能力一般，却总是喜欢应承，喜欢大包大揽，似乎自己能解决所有的事，但最终的结果往往是成事不足败事有余。

我的老同学小君就是这样的人。读研究生时，我和小君跟着一位老教授学微观经济。老教授从业数十载，对待学术极为认真，平时也不苟言笑，但他的为人却极为正直宽厚。平日里，我们偶尔犯了点小错误，他会口头训几句，然后再很详细地给我们讲清错在哪儿。当然，这样的错误下次决不可再犯。那几年，我跟着老教授，在专业和治学态度上学到了不少。

由于老教授的实力和为人，院里有不少项目的研究经费和活动名额都首先考虑他，我们身为他的弟子，自然也较其他人更胜一筹。

一次，院里有一个全额资助的出国留学深造名额，小君和另一位同学综合实力相当，又都是老教授的得意弟子，两人表面风平浪静，你来我往，私下还是免不了暗暗较劲，抓住每一个可能的表现机会。

那时候，院长作为受邀嘉宾要去参加一个经济论坛活动，还要在会上发言。因为有外国友人与会，因此发言稿要做成双语。那个会议非常重要，院长极为重视。当时，他亲自到我们平日做数据分析的实验室，拜托老教授帮忙找一个可靠的外语专业研究生翻译那份发言稿。

院长和老教授的这段对话我们都听见了，却也只是听听就算了。虽然我们这几个弟子的英语水平都很不错，但一是清楚这样的水平与英语专业的学生相比还是有点差距；二是这次会议的重要性我们都清楚，出了什么纰漏个人承担不起。

没想到，小君开口了，他信心满满地跟老教授推荐自己。老教授当时没答应，院长审视了小君一番，觉得还不错就答应了。

院长对老教授说：“小君的英语实力我知道，上次英语口语比赛，他不是拿过第一吗？就让他翻译吧，而且这发言稿中涉及一些专业名词，让我们本专业的学生来翻译说不定更准确。”

既然院长都开口了，老教授也就没有回绝的理由，只是叮嘱小君一定要认真，小君连连点头。另一位同是候选人的同学见眼前这番场景，嘴角动了动，却什么也没说。我们都知道小君如此急于表现的原因，其实他用这种方式争取机会也无可厚非。

然而，这件事还是出了意外。

小君确实花费了不少心思翻译那篇发言稿，以期做到尽善尽美。定稿后，他还特意请英语专业的师兄帮忙审阅。发言稿是没问题，问题就出在院长之前强调的专业术语的翻译上。那篇发言稿上探究的学术本来就是当下最前沿的，里面的专业术语小君大部分都见过，但也有一两个听都没听说过，英语专业的师兄更是没听过。小君本来想去请教老教授，但一想到老教授本来就不同意他来翻译，也没好意思去。最后上网搜了一些资料，对比之后，选了他认为最恰当的翻译。没想到，还是出了问题。

发言稿中涉及的一个经济学专业名词是以一位外国教授的研究团队命名的，而那位外国教授的竞争对手也极力宣扬那是以自己团队命名的名词。平心而论，这个经济学现象的发现，两位教授都做出了不少贡献，所以一场口水战之后，也没有一个定论，仍旧是双方各持己见。

而会议上，小君翻译的发言稿恰恰选了那位与会教授的竞争对手的命名方式。所以，会议结束后，那位外国教授特意找了院长，开门见山地提出这个问题，直接质问他是不是故意的。院长半天才反应过来，解释之后又连连道歉，说是自己疏忽了。但我们院与这位教授的合作项目还是受到了影响，被一系列借口搁浅下来。

院长还没回来，消息就传遍了整个学院。小君当时有些不知所措，而老教授本想责备他几句，见他那失魂落魄的样子还是忍住了，叹了口气便走了。

最后，跟小君竞争的那位同学毫无悬念地拿到了唯一一个留学名额。听说最后人选是院长亲自定的，公开宣布之前还曾找小君谈话，让他以后考虑事情要全面，别一个劲儿地想出头。

也许这件事说到底只能算小君倒霉，不过，转过来一想，若小君不是那么急功近利，这件倒霉事也不会落到他头上吧。

俗话说："没有金刚钻，就别揽瓷器活。"做事需要量力而行，帮别人做事更要这样，否则，只能是吃力不讨好。

1.只做自己有能力做的事。也许你是一个乐于助人的人，但如果你有心无力的话，就不要急于应承。一旦你把别人的事搞砸了，最后收到的恐怕不是感谢，而是埋怨甚至憎恨。

2.承认自己能力有限，并不丢人。有的人不敢拒绝别人，是担心别人瞧不起自己。但反过来想想，别人有求于你，正说明别人也有短板，所以说，如果你确实没能力帮忙，千万不要勉强答应。

有想法就大胆说出来，不要总压抑着

要知道，生活中那些让人焦头烂额的麻烦，大多都是在人际交流中被人为制造出来的，而在管理学领域，沟通不利带来的麻烦占到管理问题的80%以上。我们总强调沟通的重要性，正是要通过有技巧的信息传递避免这种原本不应存在的障碍。

沟通技巧中非常重要的一部分就是学会表达不满，坦诚地交换意见，但很多时候，我们在生活中面临的最大问题不是用什么交流方式，而是根本不敢也不会张口表达不满的情绪。心里有话，在嗓子眼转了一万遍，面对对方的时候死活就说不出来，别说解决问题，这么隐忍压抑本身就变成了问题——总吃哑巴亏，心里怎能不堵得慌。

萍萍跟晓兰都是漂在大城市里的外乡人，她们因为合租一套小两居室成了室友，合租之初俩人就有份君子协定：萍萍住在较大那间卧室，晓兰是后来的，住小的那间，电视放在晓兰房间使用，客厅里还有个很大的衣柜，也归晓兰使用；房租一人一半，平均分摊水费、电费、网费等各种费用，也平均分摊所有清洁打扫的劳动；不打扰彼此的生活，可以带同性朋友来家玩，但是最好不留人过夜；屋子隔音不好，晚上11点以后不可以制造噪音吵人睡觉；每个周末大扫除一次，轮流负责。

起初一切都挺好，俩人客气相处，互相不打扰对方生活。但渐渐地，萍萍就发现晓兰开始“违约”了，比如说好了不能让异性来玩，不能留人过夜，晓兰却总是带男朋友回家。

有一次，萍萍正在卫生间洗澡，听见门有响动，晓兰跟一个男人说笑着进了屋，她顿时十分窘迫，躲在卫生间里直到确认那个男人进了晓兰屋，才裹着浴巾出来，跑回自己房间锁上了门。

第二天早晨，这个男人竟然跟晓兰一起起床，一起洗漱，萍萍觉得尴尬，只好等他们折腾完了再洗漱，结果上班迟到被扣了当月全勤奖。再比如晓兰不爱收拾屋子，却狂爱吃零食，包装袋和果壳垃圾堆成山了也想不起来去扔，萍萍总是要“顺手”帮她把垃圾带出去扔掉，开始协议好的周末扫除，每次她都说有急事出门或者身体不舒服，做了两回就不再做了。

此外，晓兰睡觉很晚，有时候想起来衣服没洗，就会开动洗衣机洗衣服，萍萍紧闭着房门，蒙着被子，一样可以听到那台老旧洗衣机轰轰运转的声音。晓兰和她的朋友们吸烟，萍萍也无可避免地受二手烟毒害，她还常招待老同学聚餐喝酒，把客厅和厨房弄得一团乱。

对于晓兰这种室友，萍萍心里的不满和牢骚都憋到嗓子眼了，每当她想跟对方提出这些不满时，晓兰总能找到别的事把话引开或者一通撒娇耍赖把她的话头堵回去。加上萍萍不善于表达不满，一想到要开口指责对方，话就哽在咽喉很难说出来，仿佛犯错的是自己。当晓兰端着洗好的水果拿给她时，她又心软了，想着再原谅对方一次，下次再说。可下次真的发生了，她还是不好意思提出来，只能一边赌气一边默默忍耐着，盼着一年以后租期到了赶紧换个室友。

萍萍的忍耐不是不需要付出代价，她常因为晓兰的种种行为生气，心里总像横着一节木头，晚上睡不好觉，白天上班没精神，总出错受罚。就在跟晓兰的合租终于临近结束时，萍萍发现自己在脱发，不是那种正常的掉头发，而是突然掉一大撮儿。她赶紧去医院看病，医生说她长期精神压力过大，内分泌失调，导致了压力性斑秃。这个巨大的打击让萍萍异常愤怒，她终于下定决心要去找晓兰理论。回到家还没想好怎么张口说，就见晓兰已经打包好了自己的行李，看样子是准备搬家。晓兰紧紧拥抱了“好室友”萍萍，说谢谢她一年来的照顾，自己要搬去男友的房子里同居了，最后剩下的半个月租期当是送给萍萍，钱不需要退。

直到最后，萍萍的“意见”也没说出来，晓兰就那样走了，奔向了她甜蜜的同居新生活。萍萍愣在原地，不知道自己为什么那么倒霉，甚至怀疑是不是自己错了。

在生活中，最令人难以应付的往往就是沟通情绪的问题，我们可能都会遇到“气你在心口难开”的窘迫。举个最常见的小例子，同事找你借钱，或请你垫钱买了小额商品后，对方给忘了，一直也没提还钱的事，有不少人就会一边在心里别别扭扭地想着“是不是应该问问他那个钱的事”，一边又总不好意思张嘴讨要，总在等待时机开口，仿佛犯了什么错一样，能感受到明显的情绪压迫。

在讲究技巧之前，先端正态度，尝试说出心中的感受吧：

1.既然没有神医扁鹊的本事，那就先头痛医头脚痛医脚，确认是某个人的言行导致了你的痛苦，一定要让对方知道，“知道”是一切改变的前提，否则你只能一直遭受折磨。

2.直接跟对方对话实在是做不到？还可以用QQ、邮箱、微信、微博、短信、手写便笺……选择一种不见面的方式传递消息，能有效缓解尴尬。

3.就事论事，笑着说话，不要把说话变成吵架。谁都会犯错，也有可能谁都没有错，只是看问题的角度不同，做事情的手段不同，需要针对的是对方言行给你造成的郁闷不快，而不是对方本身。

容易心软的人更要学会拒绝

生活中，很多人都不好意思拒绝别人。对于容易心软的人来说，更是如此。

如果你在该拒绝的时候不懂得拒绝，轻易承诺了自己不愿意或是不能履行的约定，最终只能让自己自食其果，还可能耽误别人，给别人造成困扰。所以，在必要的时候说“不”，才是明智之举。

笑笑最近很苦恼，因为她不知道如何抉择。笑笑在大学期间谈了一个男朋友，二人感情非常好，约定在大学毕业三年后结婚。但是，笑笑的父母并不知道她已经有了男朋友，就在她回家的时候给她安排了相亲。笑笑告诉父母自己有了男朋友，但是父母了解过笑笑的现任男朋友的条件后，就建议笑笑再跟别人接触一下。

笑笑自小就非常听话，这次见父母这么坚持，不想让父母难过，就去相亲了。见面过后，虽然笑笑对对方并没有什么感觉，但是她不习惯说别人不好的话，只是保守地回了一句“还可以”。结果这让父母误以为她喜欢，于是很快就安排了第二次见面。笑笑见父母这么积极，这才意识到父母对自己的男友并不满意，而男友也从别人那里知道笑笑在相亲，为此很生气。笑笑这才重视起这件事，并且很苦恼，不知道怎么拒绝父母的安排。

后来，笑笑听取了朋友的意见，详细地对父母说明了自己的想法及与男友关于未来生活的计划，并对父母说：“我知道你们是为了我好，但是我已经长大了，我也明白自己真正想要的是什么。请你们放心，我会对自己负责的。所以，你们让我自己来选择吧。”这是笑笑长这么大以来第一次没有“听”父母的话，笑笑也自此明白了拒绝的真正含义。

笑笑因为担心自己的拒绝会让别人不开心，所以宁愿委屈自己也会听从父母的安排，但这么做却可能伤人伤己。幸好，笑笑在中途领悟了“拒绝”的含义，懂得了拒绝并非伤害的道理，才能勇敢地对父母说出自己的想法，抓住自己的幸福。

其实，拒绝并没有想象中的那么难，关键就在于，我们是否有勇气说出那个“不”字。然而，生活中总是有一些软弱、虚荣的人，或是因为怕伤害别人，或是为了保全自己的面子，而答应一些不合理或者是自己不可能完成的要求，到最后因为各种原因而没有实现自己的承诺，不仅惹得别人不高兴，也让自己痛苦。

有个女孩的父母因为事故而双双罹难，自此，女孩跟着姑姑生活。为了培养孩子，姑姑倾其所有，给了孩子最好的教育。终于，女孩如愿以偿地进了一所著名的大学。进大学后，女孩开始了半工半读的生活，并希望自己能够赚取更多的钱来回报姑姑。

女孩赚到了第一份工钱后非常高兴，就想送自己的姑姑一件礼物。于是，她对自己的姑姑说："姑姑，我想送你一件东西，你需要什么？"姑姑听后，仔细想了半天，告诉女孩自己想要一家连锁珠宝店的一套首饰。

女孩听到姑姑的答案后，就有些担心首饰的价格太高，不知道自己是否会负担得起。但是，女孩还是一口答应了下来。后来，女孩去珠宝店看过首饰后，才确切地认识到，自己真的承担不起这一套首饰的费用。女孩不想买，但是想到姑姑的养育之恩，却无论如何也说不出拒绝的话。于是，女孩向自己的同学又借了一笔钱，给姑姑买了首饰。

姑姑收到首饰后，并没有女孩想象中的高兴，只是点点头收下，就不再说什么了。而后，女孩为了还钱，更加努力地打工。终于有一天，女孩的同学需要用钱，来找女孩要钱，女孩没有办法，只得找自己的姑姑，向她说明了情况。

女孩的姑姑听后，把钱给了女孩，说：“我等你这句话等很长时间了。你应该记住这个教训：懂得拒绝别人。你明知道自己没有钱，为什么答应要买那么贵重的礼物给我？为什么不直接对我说‘姑姑，我没有那么多钱，我可不可以给你买其他的礼物？’如果当时你拒绝了我，是不是就不会有现在这样尴尬的局面？其实，对于生活中好多的事情，我们都要敢于拒绝。孩子啊，你一定要学会说不！”

姑姑用生动、直接的方式给女孩上了难以忘记的一课，告诉女孩如果不懂得拒绝别人，并一味地迁就别人，只会让自己被束缚。世界上没有超人，每个人的能力都是有限的，不可能满足所有人的需求。虽然我们都希望自己做一个宽容大度、落落大方的人，但这并不意味着我们必须答应做一些我们做不到的事情。

据调查发现，不懂得拒绝别人的人，他们的意志力与懂得拒绝的人相比更加脆弱，他们在生活中和工作上更加容易受到其他人的影响。当然，拒绝是有一定的原则的。因为无论什么样的拒绝，都可能会伤害到别人，甚至包括自己。因此，在拒绝别人时，需要注意以下几点：

1.拒绝要合情合理、有理有据。在拒绝别人时要尽量摆事实、讲道理，告诉对方不能答应他们请求的理由，让他们明白你的为难之处，让对方看到你进退两难的处境，让对方不忍心再责怪你。这样一来，你的拒绝就容易得到别人的谅解。

2.借他人之口。借他人之口予以拒绝，也是最有效的方式之一。比如，当有人来邀请你跳舞时，就可以告诉对方你已经有舞伴了，这既不会让人家面子无光，又不必勉强自己做一些不喜欢的事情。

但是，要注意的是，无论以何种方式、借口、理由拒绝别人，前提都是不能伤害对方或者是第三方的利益。

所以，有智慧的人在选择理由时，应当选择那些与自己相关、比较真实又能够把握的理由，这样才能防止自己的理由出现纰漏。总之，无论是什么样的拒绝，都应该谨慎小心，以免造成不良影响。

坦率地拒绝，胜过违心地答应

只要你仔细观察就会发现，那些在人际交往中颇受好评，很有“人缘”的人，往往具有乐观、自信、开朗、直率、真诚等正能量的品质。这样的人乐于助人，能为亲朋着想，为领导排忧解难，但同时也有自己的原则，遇到自己无能为力的事，甚至是无理的要求时，他们会坦诚地表达自己真实的想法，坚决拒绝。他们明白人生的可贵之处就在于活出自我，活出真我的风采。这是一种积极的人生态度，他们身上永远都充满了活力，谁不喜欢跟这样的人相处呢？

看一个人是否真诚坦率，就要看他在生活中会不会拒绝。现实生活中，每个人都需要别人的帮助，也会帮助别人。但不是所有的忙你都要去帮，所有的要求你都要答应。遇到一些情非得已的事，我们要学会拒绝别人。

那些总是无力拒绝的人往往在个性上会表现得犹豫、不自信，他们总会为自己的不拒绝找很多理由，长此以往，他们的自我被虚伪的面具所隐藏，展现不出真我的一面。他们害怕拒绝会破坏人际关系，始终张不开口说“不”，一次次违心地答应，换来的不一定是别人的尊重和理解。这样的人活得很累，因为不懂得拒绝，他们总是陷入别人的琐事中，为此烦恼不已。

直率坦诚地拒绝并不是完全不顾及别人的感受就生硬地回绝，那样肯定会让人心中不快，影响人际关系，甚至会伤感情。既要表达出自己真实的想法，又要达到拒绝的目的，需要我们用心体会。

可是生活中不是每个人都明白这点，有的人总也说不出拒绝的话语，让自己麻烦不断。

一天我刚下班，就接到了朋友小郑的电话要求见面，电话里她的语气焦急烦躁。我有点意外。小郑的性格我知道，平时她是一个很温和的人，很少看到她着急的样子。她说想约我出来谈谈心，我猜她可能是遇到了麻烦事，就爽快地答应了。

一见面，她一改往日的好脾气，大声叫道：“烦死了，这日子没法过了！”

我打趣说：“连你这么好脾气的人都发脾气了，还真不容易，说来听听，到底是遇到了什么事？”

她说：“哪里啊，你们看到的都是表面现象，真是家家都有难念的经啊。大家都知道我的脾气好，我就是这样的人，不喜欢跟别人争。确实，有什么争的呢，争来争去多没意思。前些日子，我老公的哥哥和嫂子闹矛盾，两个人都不管孩子，就把孩子扔在我这儿，我每天要给孩子做饭，还要辅导他学习，我都成了保姆了。一天两天还行，现在都一个星期了，真是烦死我了。”

我说：“那你要跟你老公好好谈一下，长期下去，你哪里受得了。”

小郑说：“我说过了，可是他说‘都是一家人，你就帮着点呗’。昨天，我给他哥哥打电话，希望他能把孩子尽快接走，他哥哥听了很不高兴，说什么不就是帮着照顾一下，这才照顾了几天就这么不耐烦，简直不把他当一家人看。”

听完小郑的诉说，我劝她好好地反思一下自己。这么多年来，她为了朋友的情面，为了维护家庭的和睦，隐藏了真实的自我。在外人眼里，她有这么多朋友，有一个幸福完整的家，可是有谁知道她在慢慢地失去自我，活得越来越不自信，越来越空虚，面对别人强加给她的要求，她又是那么无力拒绝。没有自己的个性，难以得到真正的尊重；没有自我地生活，把别人的事当成自己的事，最后自己麻烦不断，苦不堪言。

我们都是独特的生命个体，活出真我，就是拥有自由的灵魂，而不是任人摆布，做一个被别人装在套子里的人。我们要学会卸下这些面具，展现出自我，赢得别人真正的尊重。

人际关系不是简单的“你对我好，我对你好”。尊严是建立在独立之上的，没有独立的人格、独立的思想，丢失了自我，又怎么能够得到尊重？

有时候，让“真我”露露脸，不把真实的自己隐藏在温和的面具下，才是明智之举。学会拒绝，活出真我的风采，用智慧迎接生活的挑战，用信心跨越人生的障碍，你会发现，那些麻烦都不见了。

1.尊重自己的需求。在人格上，你和别人是平等的。很多时候，你自己的需求，比别人的需求要大一些。尊重自己的需求，按照自己的想法去行事，是完全正确的，是自己爱自己、关心自己、尊重自己的表现。而轻视自己的需要，却全力去满足别人的需要，是一种没有自尊的表现。

2.没有什么是不能放下的。如果你足够重视自己，那么旁人对你的影响自然会减弱。不要将外界对你的影响想得太过强大，一个人要如何生活，一个人能如何生活，靠的还是自己的内心。如果你的内心足够强大，拿得起放得下，那么将没有什么会纠缠你，没有什么能阻挠你。

不懂拒绝就是自寻烦恼

生活在这个社会上，我们不可避免地会遇到亲友真诚地向自己诉说难处，请求帮助。人们求助别人办某件事并非是盲目的，往往是经过周密的分析，认为你有可能办成才开口的。假如你确如朋友分析的那样有“手到擒来”的本事，亲友会觉得自己分析得不错。假如你的能力并不像朋友所估计的那样（而这一点你比谁都清楚），你怎么办？硬着头皮接下来？

当然，这样做也许当时不会伤了你们之间的和气，但肯定是后患无穷的。一旦事情办不成，你的朋友也错过了另求别人的时间和机会。因为你不好意思拒绝，而把一件别人可能办成的事情给耽误了，那朋友们会对你作何感想呢？如果当时你能直言相告或婉言拒绝，使他知道你在办这件事上的种种不便和种种不利，以及成功的可能性多么小，虽然你的朋友可能会对你的诚意产生怀疑，但当他了解到实际情况之后，就会理解你的处境，还会对你的坦率表示敬意，相比之下，你又会失去什么呢？

很多人在想要拒绝对方的时候，会产生一种“不好意思”的心理，这种心理阻碍了人们把拒绝的话说出口。由于这种矛盾的心情，态度上就不那么热心，说话吞吞吐吐、欲说又止、欲藏又露。在这种心理的制约下，最终往往是依照对方的意图行事。即使拒绝对方，其态度也容易使对方产生误解，认为你成心拿架子，不够朋友。因此，要想使自己在工作和社会交往中，不至于惹出许多麻烦，首先要克服这种“不好意思”的心理障碍。

研究拒绝艺术的专家强调，要建立这样的意识：你有权力说“不”，你不必因为拒绝了别人而感到不好意思。这样，你在拒绝时就会心情坦然、举止大方、态度明朗，避免被误解和猜疑。即使对方开始会对你的拒绝产生一点儿失望和遗憾，但由于你的态度表情向对方表明你是坦诚的，使对方受到感染，容易弱化对方心中的不快。如果你自己都觉得不应该拒绝，心里发虚，那么你的态度表情就会迟疑不决，对方也会觉得你拒绝的理由是不可信的。

在时装店，你在挑选一件衣服，样式和做工都令人满意，不过在价钱上你觉得不够理想。但是，看到售货员的热情服务，你又不好意思不买它。售货员就是利用你的这种心理，越是看到你在犹豫，就服务得越热情越周到，帮你量好尺寸、试大小，甚至动手包装好，放进你的购物袋里，造成既成事实。

初次交男朋友，你也许会感到左右为难，因为他的长相实在让人爱不起来。但是，由于是你上司介绍的，或者是上司的儿子，使你在拒绝上产生了犹豫。虽然每次会面都使你感到不舒服、不愉快，恨不得马上逃得远远的，但你一想到对方的身份、上司的威严，你就不得不仔细斟酌。然而对方对你一见倾心，脉脉含情，你的上司也觉得好事可成。随着时间的推移，你一再丧失拒绝的机会，勉强自己，这样成就的婚姻是不会幸福的。

生活中，不知有多少人因为不好意思说出那个“不”字而害了自己。那么，应该表示拒绝的时候，怎样才能不伤朋友的面子呢？有经验的人们告诫我们，坦诚直率地表明态度，只是拒绝的开始而不是结束。如果要使对方不积怨，仅仅说出“不”字还远远不够。在可能的情况下，要尽量申明拒绝的理由：因为自己力不胜任、现在没有时间、有某种为难之处等。

当然，对方求助于你，事前多半思考过你有应允和不应允两种回应，而应允的可能性较大，才来求你。因此，你只有说明你不能应允的理由，才能改变他们的心理定式，对你的拒绝表示谅解。在你申明理由时，可信度越高越好，千万不要随意编造虚假的理由。因为这里潜伏着一种危险：一旦对方发觉你在撒谎，认为你不够朋友，你们之间的友谊马上就会结束，甚至招致积怨难消。

在此，我们表示拒绝时要注意以下几点：

1.拒绝别人时，要坦诚明朗，不要优柔寡断。当然，这并不是主张在任何情况下，对任何人都直来直去地说“不”。对于那些自尊心较强、反应敏感或是脸皮薄的人来说，只婉转地表述拒绝的理由，而不说出拒绝的话会更好一些。因为对方会从你的话音中体察到你拒绝的意图，做出相应的反应来。这种委婉的方式，可以避免对方感到下不来台、丢面子，避免破坏双方友好的气氛。

比如，当别人在你正要出门时来访。你在表示欢迎的同时可以说一句：“你来得真巧，稍晚一会儿定会扑空！”这等于暗示对方，你马上要出门办事。如果对方是知趣的人，便会简短地说明来意后很快告辞，或者另约时间再访。这比由你发出明确的“逐客令”要好得多。需要注意的是，你的暗示必须含义清楚，使对方易于觉察。

2.拒绝的同时，给对方一条出路。当对方确有为难之事求助于你，你又无力承担或不想插手时，你可以用为对方寻找其他出路的方法，来弱化可能产生的不愉快。比如，“这件事我实在没有时间帮你去办了，你不妨去找某某试试。”“这份资料我这几天还要用，不过图书馆里还有一份没借出去，你赶快去还可以借到。”因为对方有了其他出路，就不会在意你的拒绝了。

3.拒绝后，也要关注对方。在你拒绝对方的求助之后，不要以为这件事就到此结束了。善于交往的人常常会事后问对方他那件事办得怎么样了，以示关心，顺便再次表示歉意。

要说出表示拒绝的话，的确不是一件容易的事，尤其是面对老朋友。但是，为了你的声誉，为了你的利益，为了彼此都能正常地生活，为了大家都不至于误解和猜疑，有话还是明说好。有一说一，有二说二，不要打肿脸充胖子，因为那样做后果不知会变成什么样。

你可以对上级的不合理要求说“不”

很多时候，公司为了利益，老板为了公司的发展、为了利润的最大化，必然会最大限度地利用员工的劳动力，让员工承担最大的工作量，甚至超出员工本来能承受的强度，这种情况已经在无形之中伤及员工的利益。然而，大多数员工为了能够得到老板的赏识或者害怕得罪老板，一般都会选择忍气吞声。

如果你也有类似的情况，那么你就要小心了，很可能你就是公司利益下的牺牲品。你要想清楚两个问题：是否要为了维护公司的利益就不顾及自己的利益？自己的利益谁来维护？

如果上司总是以公司利益为由，毫无限制地牺牲你的个人利益，你就要学会有效地说“不”。但是，说“不”也是需要技巧的，直接说“不”会让上司觉得你不懂事，让上司觉得不被尊重，在心里就把你给否决了。有时“先肯定，再否定，后安抚”的“迂回策略”更有效。

需要注意的是，方式可以迂回，态度却要明确。有些人在拒绝对方时，因为不好意思而不敢据实言明，结果产生了许多不必要的误会。

某中层管理人员，没日没夜地干了好几年，可老板给他的加薪幅度非常小，这大大降低了他的自信心和工作积极性。于是，他终于决定无论如何也要说“不”了。不过，在说“不”之前，他先把所有的资料收集齐全了，包括公司的加薪制度、自己历年的工作业绩及同级别同事的加薪情况。他列了一张详细的表单，力证自己的加薪百分比是最小的，然后告诉老板说不干了。结果，老板不仅给他加了50%的薪水，还给了他股票份额。

可见，说“不”时最好给上司提供一些客观的东西，比如数据。这样，上司就会认为你既对完成计划有实际的考虑，又对工作有一种积极的态度。实际上，对大多数上司来说，那些可以准确估计工作量和完成工作所需时间的员工是更有价值的。如果你的理由是时间不够，最好给上司准备一张你手头工作的清单，让他帮你把部分工作分配给其他人。

另外，你要明白，你做事情不是为你的上司，而是为你的公司；你要负责的对象不是上司，而是你的工作。你应该相信，在你自己的领域里，你比老板懂得多，毕竟，上司也不是万能的。如果你不管三七二十一，盲目应下自己力不能及的任务，对工作可没什么好处，而且从长远来看，也不利于保护公司的利益。

上下级之间，并不是绝对的“命令与服从”的不平等关系。当员工认为遭遇了不公正待遇的时候，可以适当地通过说“不”来表达自己的主张或是不满，让上司了解自己的境况，使双方在工作中保持沟通，避免让矛盾积累起来。只是，你在言辞上要注意分寸，不要一味指责，而要说明情况，探讨原因，这样才有利于上下级之间的了解与配合。如果你不这样做的话，只能是越来越多地牺牲自己的利益，无论后果是什么，说“不”都是比较好的选择。

需要注意的是，在说“不”的时候还要把握好以下几点：

1.声音要放低，语速要放慢。跟上司大声说话，不仅不够尊重，还显得自己过于情绪化，对人不对事。只要有心，你的“不”也能得到理解。多换位思考，比如，上司为什么给你提这样的要求？其真实目的是什么？如此，才能找到共同的需求和目标。

2.要有关怀之心。不仅要关怀自己的感受和前途，更要在说“不”的同时体现出你对上司的关怀和对公司利益的关注。一个只爱自己不爱公司的人，老板也找不到理由去爱他。

3.尽量争取更多的支持。向上司坦言，为了顺利完成交派的任务，自己希望得到哪些时间、人力和其他资源上的配合。如果老板不能给你提供所需要的东西，即便将来完成不了上司交派的任务，至少他也能明白，不完全是你的错。

4.打好基础。其实，只要你平时工作表现出色，没有一点儿纰漏，说“不”往往更容易得到老板的理解。若老板的要求属于你的分内工作，你平日在领导心目中形象又不佳，关键时刻还想掉链子，当然就不行了。

著名的喜剧大师卓别林也曾说：“学会说‘不’吧，那你的生活将会美好得多。”所以，想在职场上站稳脚，还是早点掌握这门艺术才好。

会拒绝的人不会让别人难受

如果大家看过《乱世佳人》，除了对其中敢爱敢恨的郝思嘉印象深刻外，肯定也不会忘记媚兰。媚兰也是一个令人印象深刻的人物形象。如果说郝思嘉是一团火，热烈、激情，那么媚兰就是水，温柔、怡人。

媚兰始终都那么温柔，连郝思嘉也无法对这个“情敌”恨之入骨，甚至没有办法拒绝媚兰的任何要求。媚兰可以让别人没有任何怨言地答应她的要求，同样的，我们也可以从中领会拒绝他人的技巧，让别人对我们的拒绝不会再感到难受。

林老师是一名高中老师，他为人十分严谨，说话、办事都喜欢直来直去。有一次，林老师收到了一份邀请函。原来，林老师的同事张老师的儿子考上了重点大学，张老师因此邀请同事们一起聚一下。但是，林老师那天因为家里有些事，心情不好，不想参加，于是就直接告诉张老师他不去。张老师不知道原因，虽然被林老师这样直接拒绝感到难过，但还是一再盛情相邀。

最后，林老师生气地说："说了不去就不去，你烦不烦？"当时办公室里还有几位其他老师，张老师顿时感觉很难堪，尴尬地笑了笑就走了。自此，虽然表面上没什么，但大家还是感觉到这两位老师之间的关系没有以前那么好了。

其实，林老师就是因为不懂得拒绝的技巧，才会与张老师之间产生误会。如果林老师与张老师好好解释原因，或者是拒绝的时候语气能柔和点儿，态度能好点儿，双方有可能就不会闹得这么僵了。

试想，假如有一天我们满心欢喜地邀请自己的朋友、同事去参加一个活动，为此我们甚至还花费了许多时间和精力去精心准备这次活动，结果对方却直接又生硬地对我们说："不去！"这个时候，就算是脾气再好的人听到对方毫不留情的拒绝，也会感到非常的难过、愤怒，觉得自己一片真心相待，却得不到回应。

由此及彼，我们在面对一些不能答应的要求而予以拒绝时，一定要注意自己的态度和语气，尽量选择一些舒缓、平和的方式来拒绝别人，这样既不会伤害别人，又可以让自己过得舒心一些。

苏珊女士是一名动物医生，她就十分懂得拒绝别人的智慧。

有一次，一位贵妇人打电话邀请苏珊女士去她家里，说是帮忙看看她家的牧羊犬。但是苏珊女士还在动物医院里坐诊救治其他动物，忙得脱不开身，于是就婉言建议由院里的另一位医生去给这位贵妇人的狗看病。这位贵妇人不肯答应，非要苏珊女士亲自来。

其实，医院里都是客户抱着自己的宠物来看病的，但是这位贵妇人的权势很大，所以她才能要求苏珊到她家里去给狗看病。苏珊并不想得罪这位贵妇人，于是说：“夫人，是这样的，不是我不想去您家给您的狗治疗，而是我这里刚才来了一只重病的狗，这只狗的病非常严重，我到现在还没有将其完全治愈。而且，我并不十分确定这只狗身上是否携带有其他病菌，我担心去治疗时会把病菌带到您家。”

结果就是，那位贵妇人听到后不仅没有不高兴，还认为苏珊女士是一名真正为顾客考虑的好医生，从此更是对苏珊女士另眼相看了。

苏珊女士的故事告诉我们，我们在拒绝他人时，要让对方明白，我们这样做是为了对方好。这样一来，对方才容易接受我们的拒绝。只要我们懂得拒绝的方法，让别人愉快地接受我们的拒绝也不是一件难事。那么，如何拒绝别人才不至于让别人难受呢？聪明的人会这么去做：

1.善于换位思考。他们知道要想让别人心甘情愿地接受自己的拒绝，就应该从别人的立场出发，从对方的角度和立场来说服对方，让对方知道他们是为了自己好。

2.说话前深思熟虑。拒绝前先把自己要说的话在脑子里面演练一遍，然后把自己想象成那个被拒绝的人，想一下自己听到这种回答后的想法和心情。这种做法会让我们严肃对待即将要说出口的话，避免心直口快地说出一些冲动之言。

总之，我们要选择比较和缓的拒绝方式，知道什么时候该用什么样的语气和语言，使被拒绝的人“乘兴而来，满意而归”。

Part 5

应变对答：

在任何场合都能与任何人愉快地交谈

治好“公主病”，说话才不会显得幼稚

“公主病”这个词大家并不陌生，指的是有些女人觉得自己是公主，别人就应把她像公主那样看待。实际上，这是行为、心理上的幼稚表现。

“公主病”的症状很难精确定义，但不难得出大体的印象：心理年龄小，自恋；没有对自我进行客观的认识和评价，一切都要围着她们转；自理能力差，没有抗压能力，一遇到麻烦就抱怨；情绪化，缺乏责任感，不会照顾别人的感受，或者根本没有能力感受他人的情绪。

“公主病”不是身体上的器质性疾病。发烧、咳嗽、打喷嚏什么的让人一目了然，对症开几种药吃吃就好。“公主病”不如

身体上的病那么明显。对于一个患有“公主病”的女人来说，最可怕的还不是这种“病”本身，而是患有这样的“病”却不自知。这样的话，承受着因这种“病”而导致的悲剧性苦果的女人根本就找不到根源，无法矫正自己的行为。那么接下来，可以想象，这种“病”还会没完没了地发作，导致一个又一个不好的结果。

漂亮伶俐的小蕊，通过叔父介绍，来到一家广告公司上班。叔父的战友是这家公司老总，很照顾叔父面子，将小蕊安排到一个下属的部门做秘书。老总原本以为外表时尚、重点大学毕业的小蕊一定会把工作做好，可一个多月下来，却听到下属反映，希望小蕊到其他部门工作。了解情况后，老总才知道小蕊根本不把工作当回事，迟到早退不说，如果有同事找她处理工作上的事，她一般都表现得很不耐烦，说是不关她的事，让同事自己处理。她还告诉部门经理说，不要让某某进她的办公室，她不喜欢这个人。和她合作的同事出现一点小问题，她把人家劈头盖脸地一顿好骂，说人家脑子进水了。经理说让她注意，以后尽量不要迟到，她跟人家论起理来，还把手里的东西、桌子上的资料扔了一地，扬长而去。

老总含蓄地把小蕊的表现告诉小蕊的叔父，叔父才跟老战友交了底。原来小蕊是独生女，家庭条件特别好，从小娇生惯养。小蕊上的是重点大学的大专班，在学校时人际关系就特别不好，后来自己找了好几份工作都干不到两个月就把老板给“炒”了。她家人也是拿她没有办法了。叔父让老总别放心上，小蕊年龄也不小了，由她自己看着办吧。

果然，几天后，小蕊自己来找老总了，说自己不适合待在这里，她最适合的是给自己当老板。后来，老总听小蕊叔父说，小蕊缠着让父亲和叔父给自己投资做餐厅，说她好不容易有了自己的打算，却没人支持她。最终餐厅是开起来了，可没开几个月就关门了。

小蕊这样的女孩，算是把“公主”的习性发挥到极致了。“公主病”其实是一种习惯，而这种习惯的养成基本上是由于父母、家庭的过度呵护和宠爱造成的。父母无节制的疼爱、包办一切的做法使这些女孩觉得这世界上的人都应该像父母一样无条件地爱自己，因而离开父母后的她们无论是和同学、同事，还是和异性相处，都很难顺利进行，总是说这也受不了，那也看不惯的。工作中，她们无法承担责任，无法与周围人相处，工作马虎敷衍，表达意见口无遮拦，还当作展露个性，给所在集体带来损失。

患“公主病”还有一个重要原因。由于自身心理不够成熟，又受影视剧中对贵族、名门、豪门出身的女主人公或是影视歌明星奢华生活的渲染描述和追踪报道等影响，导致自我评价失衡。比如在她们自我感觉中，自己的年龄要比实际年龄小，自己的容貌总要比实际容貌美上几分，觉得自己是高高在上的“女王”，别人都是“仆从”，别人就该理所应当地宠着她、爱护她、随着她的性子。

最看重感情生活的女性并不知道，看似不是什么大事，不时发作的“公主病”正把恋人推离自己的身边。不论什么时代，尊重、平等永远都是爱的基础。再热烈、真挚的爱情，也会在自大、傲慢面前逐渐枯萎。

湘湘说起自己的男友时总是一脸的优越感：“我能跟他好，真是他八辈子修来的福气。他追我费尽了心思。他不是有钱人，可舍得为我花光他一个月的工资，眼睛都不眨一下，就是这一点把我打动了。”两人好了后，湘湘掌管他的一切，他要做什么都要经过湘湘的允许。吵架了，半夜湘湘都会把他赶出门，让他站在外面，忍饥受冻，只有接到湘湘的电话才能回去。湘湘生气了会动手，男友就在那里硬挺着任她打任她骂。时间长了，湘湘的男友不知不觉得了个绰号——“沙包男友”。湘湘觉得这个绰号很说明她男友对她死心塌地，也让她在女伴们面前很有面子。她觉得即便全世界的人都背叛离弃她，男友都会一直在她的身边。正当湘湘志得意满的时候，男友却郑重地提出分手。他说湘湘根本不懂得爱，和她在一起，根本没有自我，就像是一个木偶。湘湘这时才痛哭流涕地意识到自己的毛病，后悔没有好好地珍惜一个肯为她付出的好男人。

自大与傲慢都是幼稚的表现。某婚恋网站的创办人说：“人生持久的幸福绝非由金钱而来，而在于成熟的个性和健康的心灵。”

除了自大与傲慢，“公主病”在某些女孩身上更突出地体现着其他“未成年”的心理特性。

小崔与梅梅一见钟情。两人谈了半年的恋爱，感情很深厚，可是最近，小崔却在考虑与梅梅分手。

朋友问他是不是看上别的女孩了，小崔摇头说不是。小崔说：“我们很相爱。梅梅人长得很可爱，是我喜欢的类型，刚开始觉得她哪儿都挺好的，可时间一长才发现完全不是那么回事儿。你不知道，她特别喜欢别人宠着她。如果她遇到什么不高兴的事，我就要第一时间出现在她身边，去安慰她、关心她，不管我多忙、有多重要的事都不行。我跟她说人是要工作的，都有自己的事，不可能时刻在一起，她说我不在乎她；她说办公室里的人勾心斗角，要我和她找个‘桃花岛’那样的地方，我劝她别太幼稚，成熟一点，她就说我变了；两个人打电话，我先挂电话她就会生气，跟她解释她会说我一点也不体贴；一点点小事就大惊小怪，做个噩梦也要难过几天，我跟她说点什么现实的事情，她都说不理解……我对以后真的没有信心。”

从小崔对女朋友梅梅的描述中不难看出她身上的种种“公主”特性。很多女孩都和梅梅一样活在自己的“童话城堡”里，不愿意面对现实的社会、多面的人生。这样不愿意长大、不懂事的女孩，也许开始男友会觉得很可爱，可到后来，爱的感觉一点点地少了，再后来就该像小崔这样考虑分手了。

尽管“公主病”在“公主们”的生活中酿成这样或是那样的苦果，有“公主病”的年轻女孩也不必有太多压力。在成人世界里，“小公主们”因不成熟而付出一点代价是正常的。只要通过自己的努力，改变自己，很多事情都是可以避免的。

要治好这个“病”，就得对比下面的“症状”逐条诊治。在这里提醒一点，“公主病”有阶段性，初入社会、涉世未深是最容易发病的时候。

“公主病”具体表现为：

高傲——不愿意做粗活、累活、脏活。

严苛——对别人要求很高，很苛刻，对自己要求很低。

幼稚——爱幻想，拒绝接受残酷的现实，总把自己当孩子，不想长大。

娇气——这个不吃，那个不吃，食量少，身体弱。易大惊小怪，不敢独自做一件事。

跋扈——不管别人愿不愿意，接不接受，都要按自己的意思来。

自私——别人的事情从来不关她的事，自己的事情却让别人做；以自己为中心，让别人处处先考虑自己，从不站在别人的角度考虑问题。

对照“公主病”症状，不难发现很多女人或多或少都有一点“公主病”，可见“公主病”不是什么疑难杂症。通过下面的几个步骤，我们完全可以把“公主病”转化为自我发展过程中的一个过渡期，即“公主期”，把该“病”对于生活的负面影响减少到最小。

1.觉察到自己的不足与稚嫩，勇敢地承认自身所暴露出的毛病。接受生活的磨砺，从过去单纯的角色中抽离，重新考虑在不同的环境中“我”的角色是什么，尽早适应不同的社会角色。

2.有自我发展、自我成熟的愿望。对自我有充分的认知，善于制订阶段性的能力提升规划，有步骤地让自己变得更优秀，更成熟，更有魅力。

3.学会自我管理，培养自己的情商，加强与他人相处的能力。少一点任性，多一点耐性，把“公主期”所留下的伤痕化为成长的能量，完善自我。

这三个步骤就像三个阶段，只要客观地面对自己，不逃避自身存在的问题，“公主病”就不再是让人讨厌的个性，你会将它成功地转化为“公主气质”。一项心理学调查表明，男士们讨厌女孩的“公主病”，但都喜欢女孩身上有“公主气质”——高贵、典雅，让人迷恋、沉醉。

任何时候，都不要打听别人的秘密

心理学研究发现，每个人都需要有一个不受侵犯的生活空间，与此同时，也需要一个属于自我的心理空间。再坦率的人都有个人的内心隐秘，这些隐秘即使是对非常亲密的朋友也不愿坦露。不然，法律上就不会规定要尊重个人的隐私权，还明确了“侵犯隐私”这个说法。

然而，有些人却偏偏喜欢打听别人的私事。打听也罢，询问也罢，这其实已经算“侵犯”隐私了。也许有的人并不一定有什么企图，可是，能说的人家自己就会说，不能说的“挖”也没用。更有甚者还会把它们传播出去。虽然不是什么丑闻，总归让人不舒服。这样的人就在你的身边，他们东串串、西串串，让人家嫌弃和轻看，看见都躲得远远的。

在一家建筑工程单位的机关里当出纳的佳慧，平时除了做账外，最喜欢做的事就是打听别人隐私。

有一次，听同一个办公室的小范透露物资办的赵月其实是个未婚妈妈，从此佳慧无论是打开水还是打扫走廊都要往赵月的办公室瞟一眼，看着赵月出来就忙上前跟她聊几句，显得非常关心赵月。赵月也觉得有人这么关心自己挺好的。可是渐渐地，她发现佳慧问得越来越多，问她孩子多大了，她和孩子的父亲是怎么认识的，是不是高中就在一起了，不然怎么那么早就有孩子了，还问孩子爸爸认不认孩子等。

赵月觉得这都是自己的事情，不想告诉佳慧。佳慧就急了，把赵月先前告诉自己的一点事往外说，闹得整个单位都沸沸扬扬的。赵月只得告诉她和孩子父亲是转学时认识的，认为这下佳慧该满意了，就请求她不要再传什么自己的私事。佳慧满口答应了，可是又问赵月孩子的爸爸现在在干什么。赵月见佳慧根本没有收手的意思，就干脆不理她了，任佳慧去说。

时间长了，佳慧自己觉得没趣，又转移了打听的对象。如此这般打听的人多了，时间长了，整个单位的人都知道佳慧是个爱打听事儿的，都不理她了。领导知道后找了个理由把她打发到一个项目的工地上，不让她回机关了。

像佳慧这样喜欢打探别人秘密的情况，从心理学角度来讲，多少有点“窥视癖”，就是喜欢“窥视”别人而获得心理的满足。

在平常人看来，爱打听别人隐私的人，暴露的是空虚的内心世界、低层次的心理需求。别人会觉得这样的人非常无聊。从某种意义上说，这也是不道德的行为。人家表面上笑呵呵的，实际上心里却在笑话他，都看不起他。可想而知，这样的人，他的人际关系肯定是一团糟，更别提什么好的机会、好的发展了。

爱打听别人隐私的人除内心空虚外，还有某种阴暗心理——总想从别人的“短”里炫耀自己的“长”。人家日子不顺气，他就显得顺当；人家过去有“污点”，他就显得干净。

秘密的内涵除了大家公认的范畴外，也随着人的不同而有不同，比如工作计划、业余生活安排、家庭背景……只要人家不想透露的就是秘密。

秘密不仅不能打听，在别人找你分享她最私密的事情时，最好还要躲开。因为别看此时他在跟你分享秘密，彼时他就可能把知道他秘密的人当作敌人一样来警惕。如果有对他不利的流言，他第一个怀疑的就是你！

颖秀和小绍是大学同学。颖秀平时是个少言寡语的女孩，小绍却是个很多话的人，也总是喜欢以自己为话题。她一来就坐到颖秀的旁边，自顾自地介绍起自己，抹一会儿指甲油说一会儿话，不一会儿就和颖秀好像认识了多久似的。

颖秀其实想走开，又不好意思走。一会儿小绍竟然说起自己和某学长谈恋爱的事，还说学长说了不希望她说出去。说到这儿，她特意提醒颖秀千万不要说出去。颖秀心想又不是我让你说的，是你自己要说的，我才不会说呢。小绍吩咐完颖秀，自己却和第二个、第三个、第四个人说了起来，然后再吩咐人家别说出去。

没多久全校的学生都知道小绍的男朋友是某某学长，学长知道后很生气，公开说要和小绍分手。小绍气愤地到处找那个把她秘密说出去的人，然后她把怀疑的对象锁定了颖秀，硬说是颖秀说出去的。明明是自己到处说，却怪别人泄露秘密，颖秀这才发现世界上竟然会有这种人。

“林子大了，什么鸟都有。”可是像小绍这种人并不是什么“奇鸟”，在生活中并不少见。因此，除了不要打听别人的秘密，还要远离别人的秘密，因为你不知道这秘密里会有什么样的背景。

好奇心每个人都有，可千万别把这种好奇心无限扩大成别人躲避你的理由，更不要为知道了别人告诉你的一点秘密而窃喜。在复杂的社会中，“秘密”这东西，有时候，你知道得越多，对你越不利。甚至，你知道了，也要装作不知道。

总之，打听别人的秘密会带来如下的麻烦：

1.良好的人际关系难以建立，被人认为是“空虚、无聊”的表现而惹人厌恶。

2.总被怀疑为“秘密”的传播者。人们普遍认为，热衷于打听也必定热衷于传播。

3.有些秘密是危险的，作为“知情者”，说不定会受到忌恨、排挤、打压和报复。

不聊八卦，是人际交往中的常识

生活中，很多人都喜欢谈论八卦消息，把别人的生活搞得一团糟。而且，他们在搬弄是非伤害别人的时候，也常常惹祸上身，为自己带来口角之争。

八卦消息，就是一些爱搬弄是非的人对别人的事情捕风捉影，并加入自己的主观猜想而形成的小道消息。八卦消息容易对人造成伤害，没有人希望自己陷入八卦消息之中，被别人的猜测和谣言泼一身脏水。可是，人们总是不明白“己所不欲，勿施于人”的道理，不想别人八卦自己的事情，却十分喜欢八卦别人的私事。

丁丁到市医院做护士已经有七年了。她所在的科室是外科，每天来往的人特别多。科室里的护士长是一个自私又喜欢排外的女人，她在科室里有三个好姐妹。她们每天在工作之余都会说一些家长里短的闲话，还常常说医院里其他科室的人的私事。护士长还把好事都安排给自己或者“自己人”，不给其他人学习和发展的机会。丁丁虽然很气愤，但也无可奈何，只能每天忙自己的事情，不掺和她们的对话。

当年，茵茵是和丁丁一同来上班的。刚开始，她也和丁丁一样讨厌这些人，后来为了融入护士长的阵营，茵茵也开始听她们的八卦消息，最后参与其中。为此，茵茵也得到了一些“好处”。

有一次，科室里没什么事，护士长和几个护士又在一起聊八卦消息。正好前几天医院里的陈医生在和妻子离婚，她们不知怎么听说了这件事，于是开始猜测陈医生离婚的原因。茵茵说，以前她看到陈医生和手下的一个实习医生关系暧昧。丁丁不想再听下去，就自己去查房了。

结果，茵茵正在说闲话时，被传闻中的实习医生听见了。她是一个暴脾气，当即就与茵茵吵了起来，闹得医院里的领导都知道了这件事。一周后，护士长调离，茵茵被辞退，而丁丁则被提升为该科室的护士长。

八卦消息不是一个好东西，它就像瘟疫一样，是会传染的“病毒”。如果我们没有抵抗住“八卦病毒”的入侵，让自己成为这种“病毒”的携带者、传播者，总有一天我们会深受其害。

古语说：“静坐常思己过，闲谈莫论人非。”这句话的意思很直白，就是告诫人们不要在背后议论别人的是非，不要对别人的事情说三道四。可惜，真正做到的人却寥寥无几，喜欢议论别人是非的人只多不少。

生活中，可以适当聊一些与身边人无关的八卦消息，但是不要聊那些私密又带有人身攻击性质的话题。即使是在聊天，说话时也要三思，仔细想想话应该怎么说。

1.不窥探别人的生活。学会控制自己的好奇心，过好自己的日子即可。聪明的人不会过多地关注别人的生活，尤其是别人的私生活，而是想办法避开它，尽量让自己的生活清静一些。

2.不听别人的八卦消息。不要听别人聊八卦消息，更不要主动去打听别人的隐私。如果实在躲不开，听别人说说就算了，不可参与其中，更不可做过多的评论。

3.不说别人的八卦消息。就算我们真的知道一些私密消息，也应该让它烂在自己的肚子里，而不是让它从自己的嘴里透露出来。

总之，说话之前要三思，多问问自己：我这样说真的可以吗？这件事有必要说出来吗？说出来是否会给别人带来困扰呢？如果真的觉得可以说了，就应该找一个合适的机会用恰当的语气说出来；反之，就应该缄口不言。

多人聚会时，少说一些悄悄话

在人数较多的聚会中，讲究的是把气氛搞得活跃起来，让所有人都能感受到这份欢乐。所以，当某两个人避开其他人的话题，在私底下说悄悄话时，其他人难免会有被冷落感，觉得无趣。

有的人容易犯这样的错误：当饭局中有自己熟识的人或者是投缘的人时，便会情不自禁地与之攀谈，从而不自觉地将自己从大的聊天环境中抽离出来，进入一个小的聊天环境中，引得他人不悦却还浑然不觉。

许莎莎和副总一起去参加饭局，转盘上各色菜肴上了满桌，主人热情地招待着大家“吃好喝好”，直待副总动了筷子，大家才纷纷开吃。

这时，许莎莎用手挡着嘴在副总耳边轻轻说："领导，您这中午才吃了胃药，一会儿可不敢空腹就喝酒，先吃些菜或是主食垫垫……"

副总微笑着点了点头说："嗯，我知道，这酒肯定是要喝的，一会儿你替我挡挡就成。"

"呵呵，我看他长得那个样子也不像是多么能喝的人，估计三杯两杯的就不行了，您对他肯定没问题啦。"莎莎悄悄对副总说道。顿时引得副总笑意满面，搞得主人一脸迷惘。

"麦总，许秘书，可一定要吃好。你们先吃着，垫垫肚子，一会儿咱好好喝几杯。"主人尽可能地招待着。

"嗯嗯，一定一定。"副总应和着。

许莎莎也微笑着点了点头。

接着，许莎莎又趴在副总的耳边笑着说："看吧，我说什么来着，他也怕醉，得先垫垫肚子才敢和您拼，这您还怕什么呀……"

副总也悄悄地在许莎莎的耳边近似呢喃地回应说："呵呵，人不可貌相啊，指不定多能喝呢。"

这时，许莎莎用眼睛的余光瞟见主人似乎也在对着身边女助理说些什么。女助理若有所悟地点了点头。

接下来，主人敬副总，副总回敬主人。这才刚过一圈，主人的女助理便端着杯子来到副总的面前说要敬副总一杯，副总与其对饮。接下来，女助理说要敬许莎莎，敬完一杯后索性坐在许莎莎的旁边不回主人身边了。

“许秘书，我听您的口音，您是南方人吧？”

“算是半个南方人吧，呵呵，我是南北方‘混血儿’，一半南方血统，一半北方血统，从小就会讲两个地方的话。不过因为从小长在南方，所以口音多多少少偏向南方一些。”

“我说呢。我们北方人讲话粗犷一些，讲豪气，可我听着你讲话特细腻，想着应该是南方的姑娘。我以前在南方待过，那边的环境不错，人也……”

就这样，女助理和许莎莎天南海北地聊了起来，一会儿聊自己在外面的见识与阅历，一会儿聊化妆品、穿着打扮，一会儿再悄悄地聊自己最近看的偶像剧，自己最新迷上的明星……许莎莎也想将自己抽离出来，照顾好副总，但无奈对方太热情，难以阻挡。

那边主人和副总也热聊了起来，顿时饭桌上形成了两组，进行了两堆话题，多多少少显得有些不协调。

终于，主人的话打破了这种不协调。

“哟，两位美女悄悄话说了这么老半天，聊什么呢？有什么有趣的，拿到桌面上来，让我们大家伙都听听！”主人始终满脸堆着笑，总算是打断了女助理的热聊和许莎莎的神游与纠结。

“都是些女性的话题，男士勿听！”女助理娇滴滴地回应道。

“呵呵，用我那八岁的小女儿的话说，‘我就鄙视你们这些说悄悄话的，让人听不见干着急’……”主人学着自己女儿说话时的腔调，顿时引得大家一阵笑。

回去的路上，许莎莎在车上还唠叨着："那女助理也太热情了，拉着我使劲儿地唠……"

副总对着浑然不觉的许莎莎说："'我就鄙视你们这些说悄悄话的'，这句话你知道是说给谁的吗？"

"说给他那女助理的呗，不……不会是说给我听的吧？那也不怨我啊，是他的助理缠着我，非要和我讲悄悄话的。"许莎莎仍不以为然地说道。

"是说咱俩呢，一上桌，咱俩就你一句我一句的，人家肯定是不高兴了。你没看你和那小姑娘一聊，人家好不容易逮着我，直接说重点，说起了工程上的事情。"

此时许莎莎才恍然大悟。

作为主人，看到自己请的主宾和随身带的秘书说悄悄话，看着主宾一会儿脸色开朗，一会儿脸色凝重，主人的心自然也跟着沉沉浮浮。

再者，主人既然设宴邀请主宾，那就绝非简单意义上的请主宾及其秘书吃好喝好，能够和主宾聊一聊、攀些交情恐怕才是其目的。尤其是对于一些奔着"解决事情"才来的主人，更是不能白白花了钱，没办成事。

所以，不难想象，那名女助理在主人的一阵耳语下，便借着敬酒坐到许莎莎旁边，然后再以一些私密话题和许莎莎热聊，其实就是另一种意义上的"话语及行为绑架"，让许莎莎无法再抽身与副总说悄悄话。

这样，正如副总最后所说的那样，主人好不容易逮着机会，没敬几杯酒就直接谈起了做工程这个“宴请目的”。

通常饭桌上人们是不太愿意这样“明着聊目的”的，大概是被形势所迫，所以主人才不得不出此下策。

当然，通常作为主人，即便对于主宾参与的悄悄话不好明着多说什么，但可能心中有些气愤难平，所以才借着批评自己女助理来达到“指桑骂槐”的目的。

从这个事例中我们应吸取几点教训：

1.不要主动地去和身边的人说悄悄话，哪怕是主人或主宾。

2.对于他人在耳边说悄悄话，不做过多的回应，这样既不失礼，也会让对方“知难而退”。

3.如果是朋友聚会，不分主次，也不要同身边人过多交谈，会让他人有“就你们俩关系最好”的心理，更可能会让人产生嫉妒心，觉得你厚此薄彼。

别人可以自嘲，但你不能附和

自嘲从某个角度分析，其实是一种幽默的说话方式，是一种生活的态度，是一种调节心理的方法，也是一种人生智慧的表现。生活中，如果缺少了自嘲，会让一个人活得很累。但是，我们面对他人的自嘲时，一定不能妄加评论，不然很容易伤感情。

小雯是一个车模，从业将近一年，在业界没有什么名气，不过事业发展得还算顺利。

有一次，她去参加公司举行的一个小规模饭局。在场的除了一些公司的模特之外，还有他们公司老板及一些行政人员。老板是一个三十多岁的女人，因为长期做这一行，所以对当下的车模很是熟悉。在饭局中，他们谈了一些业务后，话题很快转移到了某知名车模身上。在场的车模有的像小雯一样一直默默无闻，而有的虽然不是那么的知名，但在业绩上也有一定的表现。

大家喝到兴头上，老板自嘲地说道：“姐妹们，你们可要好好混啊，你看某某模特的老板，天天有人邀约吃大餐，而我运气差啊，只能自己请自己了。”

小雯见老板这么说自己，认为是一种悲观的表现，想安慰一下老板，于是说道：“领导，这有什么啊！等我混好了，肯定让他们排着队来请您。”

此话一出，老板的脸色马上阴沉了下来，饭局顿时安静了许多。

这时，一位在公司较有地位的车模说：“领导您真幽默，她们那都是花架子，我们今年的业务量已经远远地超过了她们，论实力，我们公司早就排在了她们前面。”

老板听了这位车模的话，阴沉的脸上露出笑容，举起杯高兴地说：“我们的业务量上去了，接下来就看你们的造化了，大家一起加油！”说完，大家一饮而尽。

这次饭局之后，公司模特不断地被派往汽车展销会及展览会现场，不同的是其他模特都被安排到了一些大型的汽车展销活动中，而小雯被安排到了一个4S店举行的自主品牌展销会上。

后来有人向老板问起是否将小雯安排到其他展会上，老板说：“小雯这个人太轻浮，还是让她多锻炼锻炼吧。”

我们经常会看到一些自嘲的人，有些明星说：“自己名气不够，所以作品少。”有些老板说：“没挣多少钱，所以只能随便吃吃了。”如果你把这种自嘲当真了，那只能自取其辱，最后伤害的是自己，如案例中的小雯。从后面那个模特说公司的业务量远远超过了其他公司，公司的业绩在增长，这已经说明老板的运气不差，老板说：“姐妹们，你们可要好好混啊，你看某某模特的老板，天天有人邀约吃大餐，而我运气差啊，只能自己请自己了。”这句话的意思一方面可能只是为了激励员工工作要努力，另一方面只是一种自嘲的表现形式。事实上，并不是她说的这样，她的心理也不承认是这样。

而小雯把老板的这种自嘲当真了，并附和了老板的自嘲，这等于说把老板的地位拉下了一个档次，老板当然不会高兴。

来分析第二个车模对老板所说的话：“领导您真幽默，她们那都是花架子，我们今年的业务量已经远远地超过了她们，论实力，我们公司早就排在了她们前面。”这位车模从公司的业绩上客观分析，判断出老板所讲的内容与实际情况不相符，因此确定是一种幽默式的自嘲，进而说出老板心中想说的话，而得到了老板的好感。

自嘲在平时的谈话中非常多，其实就是为了得到对方的肯定，因此，对待别人的自嘲，我们需要注意以下几点：

1.结合实际情况分析别人的自嘲。首先分析别人自嘲的内容与其实际情况是否相符，如果大体相符，可客观地用一句话带过，切记不可附和对方的自嘲。

2.适当否定别人的自嘲。别人的自嘲是一种幽默的生活态度，有时候可能只是提出某种话题的方式，这时给予适当的否定，就会提起对方的兴趣。

3.用自嘲否定别人的自嘲。这是一种在幽默的基础上再加幽默的讲话方式，可以让气氛更加活跃，比如你比较熟悉的朋友对你说："最近运气不佳，生意不好啊！"你可以说："拉倒吧，你的生意不好，我就该关门了。"

缺少主见的人，在社交中没有存在感

人怎么可以没有主见呢？

主见是什么？主见就是人心深处的一杆秤。这杆秤无论称什么都吊得起来，并且将斤两称得很准。或者说，人就像汪洋之中的一艘船，而人心中的主见，就是灯塔，有了这灯塔，船就知道该往哪儿航行。

男人要有主见。没主见的男人不会有什么出息，一辈子只会唯唯诺诺，即使有人想将重任交给他，他也担不起来。

女人更应有主见。譬如，一个女人，她不知道自己想找一个什么样的男人来与她共度此生，稀里糊涂地遇见了一个男人，稀里糊涂地在一起生活了，那个男人若是个知冷知热的人倒还罢了，若是恰巧遇见一个不可靠的人，该如何是好？这个时候就需要女人心中有主见了，没有主见，那就等于将自己的幸福葬送了。这是多么可怕的一件事！

男人就像是铁块，随便怎么跌打，也吃亏不到哪里去，谁叫他们生来皮糙肉厚呢？

女人就不一样了，女人都是花朵，哪里经得起太多风雨的折腾？可是，倘若女人心无主见，生活中想不遭受风雨真的很难。

若是有主见的女人呢？女人有了主见，就知道自己要什么，更知道自己不要什么，当面对自己不想要的东西，她就知道该如何辞而不受。

有主见的女人，她不仅可以理清自己生活中的是是非非，还能帮助家人在人生道路上驰骋纵横。对于男人来说，自己有主见固然重要，遇见一个有主见的女人，并娶她为妻，这是一件幸事。娶一个有主见的女人为妻，男人就等于多了一层成功的保障。

或许有人说，女人有主见并非是为了服务男人。的确，女人不必全心全意地想着服务男人，但是，女人终是要和男人组合在一起过日子的，夫妻过日子，是携手并肩的，哪里谈得上谁服务谁呢？

孟翎翎自幼丧父，她的母亲先后又嫁了两个男人，但是到最后，她们的生活中还是只有她们两个人。生活不会因为这个家庭中少了男人作为顶梁柱，就温柔地减少哪怕一丝一毫的苦难与折磨。困难来了，孟翎翎和她的母亲只能勇敢又坚强地面对。幸好，孟翎翎和她的母亲都是十分有主见的人，她们处理事情的能力丝毫不输于任何一个男人。甚至可以这么说，有些生活难题即使丢给男人，他们都会倍感吃力，但孟翎翎和她的母亲却处理得十分妥当。所有人都看见孟翎翎和她的母亲将小日子过得有声有色、有滋有味，惹人羡慕，不知情者还以为孟家有个呼风唤雨、撒豆成兵的男人，这都是那个男人有本事呢！其实，只是因为这对母女都是有主见的人啊！

女人有主见，多好！

虽说女人即使柔弱一点也没关系，但是，做起事来干脆利落的女人更有魅力，更叫人佩服，并且受人喜爱。干脆利落的基础是什么？当然是有主见！

有主见的女人更有魅力，她们就像冬日梅花，又美丽又坚强。这样的女人，哪个男人会不爱呢？

生活不会亏待有主见的女人，但生活真的可能会让没主见的女人痛苦不堪。

女人需要具备什么条件才能有主见：

1.分辨是非的能力。女人有主见首先就得具备分辨是非的能力，这种能力可以通过学习得来，比如读书，再比如受他人指引或影响，这都是学习的途径。

2.清楚自己的需求。有主见的女人知道自己要什么，更知道自己不要什么。有主见的女人在面对生活挫折的时候，总能迅速做出最正确的反应，保护自己不受伤害。就算有时受了伤，有主见的女人也能很快就康复。

心存偏见，怎么能好好聊天

心理学中有个“晕轮效应”，又称“光环效应”，指人们对他人的认知判断首先是根据个人的好恶得出的，再从这个判断推论出认知对象的其他品质。由这个看似深奥的心理学现象引起的最常见的行为就是——偏见。

有权威图书将“偏见”定义为“根据一定表象或虚假的信息相互做出判断，从而出现判断失误或判断本身与判断对象的真实情况不相符合的现象”。错误的判断，盲目的推理，无知的肯定和否定，都是造成偏见的因素。现实生活中，我们很难避免根据第一印象带来的直觉定义他人的倾向，与其说不能避免，不如说我们都习惯这样做，并把这当作帮我们处理复杂微妙人际关系的“主观印象”，极少考虑自己的主观有可能滑向偏见一端，以至于无法在偏激的情感中审视自己的观点和立场，造成误解和尴尬。

美食杂志编辑白小林最近有点郁闷，郁闷的源头来自她办公室里新入职的一个实习生。

说起这个新人可真是了不得，她脸蛋漂亮身材好，打扮时尚学历高，上班第一天就开了一辆银色小跑车，开进杂志社的院子径直就停在社长的大吉普车旁边，踩着一双猩红色高跟鞋，袅袅婷婷走进办公楼。

进了大门，她来不及跟众位同事打招呼，先接起了电话，娇滴滴地说：“靓女，又想我了？那今儿晚上你老公就归我使唤了，不把本小姐伺候好了他可休想回家……你们俩可不是欠我的嘛，行行，本宫的财力你是了解的，有的是银子票子，你自己在家乖乖的啊，少不了你的好处！”

也不知道电话那头是谁，她这边一口一个“本小姐”，一口一个“本宫”，笑得花枝乱颤，也不管同事们满脸惊讶诧异、厌恶不屑的表情。挂了电话，她整理了一下头发，脆生生地又开了腔：“你们好，我是新来的实习生，我叫李天娇，今天开始在这里上班，请问白小林白主编在吗？”

哎哟，好一个霸气外露的李天娇，白小林听见她打电话时那些不正经的话语，又见她这副千金小姐的尊容，心里说不出的别扭，初次见面又不好当面发作，只好冷着脸上前打了招呼。

就这样，这个“天之骄女”加入了她的小组，成了她十分看不顺眼却又只能忍受的一名直接下属。

李天娇入职之后，白小林每天上班看见她就觉得碍眼，那明晃晃的金属耳环碍眼，那忽闪忽闪的大长假睫毛碍眼，那“嘎噔嘎噔”响个不停的高跟鞋碍眼，尤其是她每天跟那个所谓的“靓女”打电话时说的那些话，简直就是不知廉耻，人家老公的内衣裤她都给买，她们之间是多么畸形又下流的关系。

在这种厌恶之情的驱使下，白小林不但没有好好指导李天娇学习如何接手新工作，反而对她冷嘲热讽、处处刁难，李天娇的日子过得苦不堪言。她也不明白自己是哪里得罪了这位前辈高人，不管她怎么认真工作努力表现，得到的结果不是一通臭骂就是一声冷笑。总是拿热脸去贴冷屁股，她心里很委屈，关键是这位白大姐就像一块捂不暖的寒冰，任凭她卖力讨好，就是没用。

这天，李天娇又在白大主编的调教下遭了罪，终于忍不住跟白小林顶了嘴，她一边哭一边问白小林：“老师，您对我有什么不满有什么意见都可以直接对我说，为什么总对我这个态度，您说我是绣花枕头大草包，您说我是牙尖嘴利胸大无脑，这都不是批评了，这是人身攻击啊。我到底做错了什么，这么招您讨厌，您告诉我，我改还不行吗……”

白小林从没见过李天娇这副模样，看她哭得梨花带雨，突然觉得自己是有些过分，李天娇再怎么骄横跋扈，再怎么道德败坏，那都是工作之外的事，在工作时，她能力出众，也算勤恳负责，自己一直跟她较劲儿，欺负一个刚毕业的孩子实在没必要。想到这里，她也软下了口气，安慰了李天娇几句，让她回去工作了。

自从那件事情发生之后，白小林开始注意自己的态度，有意识地调整自己看李天娇的眼光。这一注意，她还就真发现了让自己惭愧不已的真相——李天娇每天通电话调侃的那个“靓女”不是别人，正是她那人老心不老的母亲，而那个听起来与李天娇关系“龌龊”的男人，当然就是她的亲爹了。这样一来，别说是晚上跟他一起吃饭看电影，周末跟他一起登山郊游，就是买内衣内裤，关心睡眠如何、腰疼不疼，也一下清楚明白了。李天娇不是什么勾引别人老公的狐狸精，外表靓丽的她是个孝顺的好女孩，跟开明时髦的父母之间关系很亲密。得知了这点，白小林对李天娇的态度来了个一百八十度大转弯，也发现了这个年轻漂亮的女孩身上越来越多的闪光点，不仅把她当作左膀右臂委以重任，还把她当作妹妹一样照顾，俩人变成了生活中的好友。

偏见带来的坏处总比好处多，因为从根源上讲它是根据片面、模糊、极端甚至错误的知觉形成的。当一个人对某个人或团体持有偏见，就会对其产生一种不公平、不合理的消极否定态度，从而在情感、认知、意向等方面，贬低、误解、伤害对方。故事中白小林根据她以往的人生经历总结出的属于“坏女人”的刻板印象，仅凭第一次见面就把外表靓丽、打扮时尚、行为很“潮”的李天娇轻易划入“坏女人”的分类，进而“替天行道”一般地欺负她、刁难她。在白小林借工作问题发泄的怒火中，并不包含对事不对人的正常因素，更多的是“看她不顺眼”这种极为主观的理由，可想而知，这种人际摩擦对开展工作、提高效率有百害而无一利。

除了工作场所偏见，在男女婚恋中极易出现偏见的地方就是相亲了。陌生的男女第一次见面前总会知道一些关于对方外貌、工作、收入的信息，见面后再加上第一眼“眼缘”基本就决定了对对方的态度，这时候抱有较严重偏见倾向的人就容易错失良缘，或者容易被某些善于伪装的对象迷惑。

避免因偏见伤人害己，你可以尝试这样做，看看对方的反应：

1.消除刻板印象，不要轻易对人下定义、划是非，切忌主观认定某些人就是如何如何。

2.增加平等的个人间的接触，给彼此一个深入了解对方的机会，关注点不是外表，而是性格。

3.跳出日常相处环境，增加一些不同的合作场景，换个角度看对方。

用玩笑话巧妙化解尴尬气氛

与不相熟的人交谈时，谈话对象对我们不了解，所以可能会下意识地抱有一种戒备心理。这种戒备心是我们与对方交流的障碍，可能会影响整个交际。如何才能降低对方的心理阻隔，消除对方的戒备心理呢？有时候，你只需要说一句幽默的话。

性格开朗的方琳是个在爱情方面有点木讷的女孩，见到相亲对象就紧张。最近，她却因一句笑言获得了一个男人的心。

上个月，方琳去相亲，男方看起来很不错，比较合她的眼缘。于是，她终于鼓足勇气问对方："你喜欢什么样的女生？"男方想了一下，说："我喜欢投缘的女生。"方琳一开始很紧张，没反应过来，急问："一定要头圆的吗？头稍微有点方的不行吗？”男方听了之后，哈哈大笑。方琳也缓过神来，为自己的话笑起来。接下来，两人的谈话就轻松、融洽了许多。

方琳因为紧张，把“投缘”理解成了“头圆”，进而问出了一个幽默的问题。而这一幽默，则使男方笑起来，降低了心理防线，对方琳产生了一些好感。而且，这一句幽默的话，也让两个人之前尴尬紧张的聊天氛围变得轻松起来。

幽默是人际关系的润滑剂，对沟通来说至关重要。有时候，我们要拒绝别人时，不免要伤害对方的感情，对方也会因此有一种被拒绝之后的懊恼感，这可能会影响日后的相处。所以，在拒绝别人的时候，我们为何不换一种幽默的方式呢？

午后，周晴不小心打翻了可乐。为避免引来蟑螂，她连忙打扫。然而，可乐已经渗入了办公室的地毯里，清洁起来非常麻烦。正巧同事苏昙从旁边过，她就想请苏昙帮忙。

苏昙正好有事，分不开身，但是该怎么说呢？心头一动，笑着说：“晴晴放心，咱们东方的蟑螂不喜欢喝洋饮料！你先扫着，等我把文件送了，就来帮你。”一句话说得周晴笑了起来，毫不介意苏昙对自己的拒绝，开始自己清理起地面。

或许等苏昙忙完的时候，周晴早已经将地毯清理干净了，不过因为她的幽默，轻松地化解了周晴被拒绝的尴尬。

一句玩笑话，可以改变一个人对另一个人的喜恶。在职场中，用幽默来增加自己的亲和力，无疑是最好的选择。在家庭生活中，幽默也是一种非常重要的说话方式。它可以使对方从尴尬中解脱，化烦恼为欢畅，变痛苦为愉快，使对方平息激动，回归理智，最终使得彼此重拾默契，增进感情。

一位职场女强人韩桑整天忙于工作应酬，怠慢了丈夫。忍无可忍的丈夫宣称要和她离婚。丈夫提出分割财产，问韩桑离婚后要什么东西。深爱丈夫的韩桑不愿离婚，说："我什么都不要，只要你。"

幽默之余，更有情意在。韩桑的丈夫听了，怎能不心生温暖，前嫌尽消？

夫妻长年厮守，很难不发生争执、吵闹。与其抱怨、争吵，伤了夫妻的和气，不如在危机时来点笑料，平衡对方的心理，重拾感情。

那我们如何用一句玩笑话来打动别人的心，消除对方的戒备心理和敌对情绪呢？

1.用适当的夸张来形成对比。一般来说，夸张能将事物的关系描绘得更形象，更凸显特征，也让人们表达的情感更真挚。在交谈中，用夸张幽默的说法能让彼此之间的心理防御降低很多。

2.利用谐音来故意"曲解"或营造出一种让人"误解"的语境。谐音能将对方的注意力转移到别处，从而降低对方的心理戒备，就像"投缘"可以谐音理解成"头圆"，从而引发幽默的效果。

值得注意的是，刻意点明要说笑话，往往达不到幽默的效果。譬如有些人，在开场时喜欢用“我来讲个笑话”作为开场白，这样有时达不到听者的心理期待，理想的幽默效果也就大打折扣。这样的“幽默”实在是太令人尴尬了，还不如没有。所以，懂得说话的人要学会顺其自然地运用幽默。

Part 6

格局口语：

你说什么样的话，你就是什么样的人

如果公司……我就可以做到……

人的心理是很奇特的，一个念头在大脑里从产生到被自己认可，就像走迷宫一样，一定要从起点顺利达到终点，这个念头才能够被自己肯定。当一个人发现自己的能力无法胜任当前的工作时，这个念头就会让自己难以接受，而本能地形成多重保护性的阻拦，就相当于让这个念头走进了迷宫里的死胡同。于是，这个念头在大脑中就走不到终点，无法被自己认可。那这该怎么办呢?

如果这个念头被本能地压抑，大脑会产生一个替代性的念头，而这个念头往往是否定上一个念头的：自己的能力并没有问题，而是环境出了问题。这个念头很快走到了迷宫的终点——被大脑轻松地接受了。

经理对小王说：“本季度我们的销量所有下滑，下个季度可要好好地赶上来哦！”

小王漫不经心地回答说：“如果公司能够再加强一些广告营销的力度，我想就可以做到了。”

经理有些不高兴，心中暗想：这家伙事事谈条件，处处提要求，看来工作能力很一般。

弗洛伊德在精神分析报告中指出：

一个小女孩不喜欢给她的苹果，她一口也不尝，就会说苹果是酸的。

如果一位成年人像那个小女孩一样说话，那说明他正在试图压抑一个观念。

没有签到大客户，也没有多签几个合同的原因，其实说话的人心里往往是清楚的，是自己的能力不够。但是人有分析问题的能力，有察觉问题本质的天赋，却很少有坦诚面对自己缺点的勇气。

因此，我们很快就会脱口而出：“如果公司环境再好一点，我肯定可以做得更好！”

“这是谁的错呢？”但凡遇到问题，我们的内心就会产生这样一个声音，接着我们就会看到有人在抵赖狡辩，有人为了推卸责任而指责别人，甚至每个人都会发现自己有这样的习惯。

在这里，我们需要了解一下“免罪理论”。

1.避免或逃脱责罚是人类的一种强烈本能。

2.多数人在“有利”与“不利”两种形式的抉择中都会选择趋吉避凶。

3.通过各种“免罪行为”，人们可以暂时逃脱责罚，保持良好的自身形象。

以下是一些逃避责任的伎俩和其内在的含义：

1.“这不是我的错。”这是一种全盘否认。否认是人们在逃避责任时经常使用的方法。当人们乞求宽恕时，精心编造的借口便会脱口而出。

2.“我不是故意的。”这是一种祈求宽恕的说法，通过表白自己并无恶意而推卸一部分责任。人们经常对此进行反驳：我知道你不是故意的，你是成心的。

3.“没有人不让我这么做。”表明此人想借装傻蒙混过关。如果有人这么说，就告诉他：也没有人让你这样做。

4.“这不是我干的。”这是最直接的否认，可以请他拿出证据来。

5.“本来不会这样的，都怪……”找这种借口的人认为，法不责众，可以凭借扩大责任范围推卸自身责任。不要理会，先处理他，其他人的责任以后再说。

为了免受谴责，多数人都会选择欺骗手段，当他们从这些欺骗手段中得到好处，他们下次就更乐于使用这种手段了。但是人的心理又是矛盾的，那个被压抑的真相会潜伏在大脑里，让人感到不安，选择逃避机制的人心理上就会感到似有沉沉的包袱压着自己。

如何让自己摆脱这种怪现象呢?

承认“我错了”，意义非常重大。因为人人都难免犯错，所以大多数人都会原谅别人的过失。勇于承认自己的错误，可以提高一个人的信誉，并且有助于自我完善。

有人为了怕痛苦而选择规避问题，其实，人的成长就是人生中经历过的无数挫折与失败促成的，如果能认识痛苦的价值，愿意面对现实，人就能活得更加坚强、更有自信。

从现在开始承认“我能力有不足之处，我会努力弥补”。每个人都有能力不足的方面，最重要的是，这样说出来以后，你的心里就感觉轻松多了。

好了，不用多说，我明白了

动辄就说“好了，我明白了”的人，往往是自信过度，也就是有些自负的人。遇到问题时，他们不会怀疑自己哪里做错了，而是会找一些客观的理由，将问题归咎于别处。对于自己，他们从不怀疑，所以也难以克服自身的缺点。这种人往往盲目自大，过高地估计自身的能力，缺乏自知之明。

王喜最近在设计一个方案的时候，出现了重大的失误。鉴于他是个新手，上司没有追究他的责任，而是派了一个老员工去指导他改正错误。

在老员工给王喜指出问题的过程中，王喜总是有些不耐烦地说：“好了，不用多说，我明白了！”“懂了懂了！”

到最后，老员工也是一肚子的火，直接找到上司，说：“这个人什么都懂，我教不了他！”

我们都知道，做人不能没有自信，那样就会走入另一个极端——自卑。尤其对年轻人来讲，在适当的范围内，自信可以激发人的斗志，树立克服困难的信心，坚定必胜的信念，使人充满勇气。

但是，我们也要明白，自信必须建立在客观现实的基础之上，不切实际的自信变成自负，对人是有害的，会影响一个人的生活、工作，严重时甚至会影响人的心理健康。

过度自信的人会显得心高气傲、自视过高，更有甚者，会抬高自己贬低别人、轻视别人，总认为自己要比周围的大部分人更强。有的会固执己见，唯我独尊，听不进别人的意见和建议，而且总想把自己的观点强加到别人头上。

另外，自负的人大多很少主动关心别人，他们常常会显得有些自私。

既然自负心理是有害的，那么，我们就要搞明白它从哪里来。

首先，家庭教育是产生自负心理的主要根源。

一个人在儿童期的时候，他们的自我评价主要取决于身边的人对自己的看法，家庭就是孩子们自我评价的主要参考对象。父母过分地宠爱、夸赞、表扬，会使孩子觉得自己非常了不起，这种自负心理很可能会延续到他们成年之后。

其次，自负心理还可能来源于过于顺利的人生。

人的自我认识来源于经验，生活中遭受过许多挫折和打击的人，一般不会太过自负，而生活总是一帆风顺的人，则更容易变得自负。现在的年轻人大多是独生子女，从小到大都生活在娇惯和宠爱中，没有经历过大风大浪，因而变得自负。

最后，自负还可能来源于片面的自我认识。

自负者往往会尽量缩小自己的短处，而将自己的长处无限夸大。这证明，自负者也极度缺乏自知之明。当一个人只看到自己的长处和优点，却看不到自己的缺点时，就会形成自负的心理。这种人往往好大喜功，稍微有一点小的成绩，就觉得自己了不起，把成功完全归功于自己；假如失败了，则会认为是客观条件不合作，他们过分地自恋和以自我为中心，把自己的举手投足都看得与众不同。

这就是自负心理的来源，一个人如果生活在这样的环境和心理中，难免会认为自己不需要别人的“指导”，因此他们会经常说“好了好了，懂了懂了”就一点也不奇怪了。

那么，我们应该如何避免自己的自负心理，避免自己再用不耐烦的口气说出：“我明白了，懂了懂了”这样的话呢？

1.提醒自己不要排斥批评。自负者的致命缺点是，他们非常不愿意改变自己的态度，更不能接受别人的批评。所以，改善自负心理的第一秘诀，就是学着接受他人的批评。在遇到不同意见的时候，能保持心平气和。这并不是让我们完全服从别人，只是要求我们能够接受别人的正确观点，通过接受批评，改变自己过去那种固执己见、唯我独尊的不良心理。

2.与人平等相处。自负的人，往往将自己看得高人一等，具有很强的控制欲，往往希望自己能处于支配地位。平等相处就是要求自负者以一个普通社会成员的身份与别人平等交往。

3.提高自我认识。要全面地认识自己。一个人，只有既能看到自己的长处和优点，又能看到自己的短处和不足，才能够走出自负的怪圈。千万不能一叶障目不见泰山。

认识自己，不能主观地、孤立地去评价自身，而应该把自己放在具体的环境中去考察，每个人活在世上都会有优点和过人之处，同样，也都会有缺点和不足，人不能总是用自己的长处去比较别人的短处，这是有失公平的。只有客观地认识他人、认识自己，才能走出自负的心理。

他这个人啊，一无是处

总喜欢说别人一无是处的人，毫无疑问属于那种盲目自大、目中无人之人。更为关键的，这句话还暴露出他们的性格中，有一种主观武断、对周围事物缺乏正确认识的成分。

李聪总喜欢说“他这个人啊，一无是处”。在家里和母亲谈起一个远方的亲戚，李聪说：“他这个人啊，一无是处。”在单位谈起某个同事，李聪说：“他这个人啊，一无是处。”和朋友谈起一个身边的人，李聪说：“他这个人啊，一无是处。”

久而久之，周围的人都对他避而远之，因为都怕成为他口中那个“一无是处”的人。

如果我们知道瓦拉赫效应，就应该知道，这世界上，不存在一无是处的人，每一个人都有自己的长处。

因此，那些说别人一无是处的人，我们就可以断定他缺乏对人生和世界最基本、最客观的认识。

关于瓦拉赫效应，有这样一个故事：

奥托·瓦拉赫是诺贝尔化学奖获得者，他的成才之路，非常具有传奇色彩。

瓦拉赫在读中学时，父母希望他成为一个文学家，因此鼓励他学习文学。没想到，一个学期下来，他的老师给他写下了这样的评语："瓦拉赫非常用功，但过分死板。这样的人即便有着完美的品德，也不可能在文学方面获得更大的成绩。"

之后，他改学油画。可瓦拉赫连构图和调色这些东西也学不会，而且他对艺术的理解能力也很一般，所以在绘画班里，他的成绩总是倒数第一名。

这时候，绝大多数老师认为他是个一无是处的人，只有化学老师认为他做事非常认真，具备做好化学实验应有的品格，建议他试着学习化学。父母接受了化学老师的建议。

从那以后，瓦拉赫智慧的火花迸发了出来，这个被认为一无是处的人终于成为了伟大的科学家。后来，心理学家就根据他的这个故事总结出了瓦拉赫效应。这个效应就是说：任何人都有自己擅长的东西。

如果从心理学角度分析的话就是每个人的注意力都是有限的。一个人，如果把注意力过多地放到了一个地方，那么另外一些地方就可能顾及不到，因此会在这个领域显得比较“无能”。但是，如果你因为此人在某个领域比较弱，就认为他一无是处，那么显然也是不对的。这就是瓦拉赫效应产生的原因所在。

如果你也经常说出“他这个人，一无是处”这句话，那么你一定要扭转自己的认识。在这个世界上，上帝给人关上一扇门的同时，一定会为他开启一扇窗。

因此，不要对任何人做出类似“一无是处”的评价，那样只会显得你愚昧而无知。

行了行了，好了好了……

生活中，有的人总爱打断别人的话，喜欢表现自己，其实，这是一种爱表现心理。爱表现心理是一种消极的情感，如果任其发展下去，可能会造成严重的后果。

聂静加入了一个绘画培训班，学习了几天基础课之后，老师让她试着画一幅线条画。

可是，聂静盯着画板发呆了好一阵，却迟迟不动笔。老师问她："小静，有什么困难吗？为什么不抓紧时间画呢？"

聂静叹口气说："您能教我一些更高超的技巧吗？我早就会画线条画了。"

老师笑着说："画线条画看似简单，但在构图、比例、排线等方面也需要勤加练习，这样才能提高绘画水平啊。达·芬奇画鸡蛋的故事……”

没等老师说完，聂静就不耐烦地说：“行了行了，别跟我讲那些大道理行吗？以前上学时我就听过达·芬奇的故事了，您现在怎么还拿一样的故事教育我呢？”

老师依旧笑着说：“不是教育你，我的意思是……”

聂静没好气地说：“好了好了，刚才我不是说了吗，我早就会画线条画。我看啊，您是不是水平不够啊，要不然我当您老师得了？”

老师被聂静这样讥讽，再好的脾气也忍受不了，气愤地说：“我教不了你，你考虑一下，去留随意。”

经常说“行了行了，好了好了”的人，通常是表现欲和竞争心都比较强的人。说这样的话，主要有以下几点危害：

一是影响社交关系。听不进别人的意见，会养成自高自大、自以为是的个性。由于过高地估计自己的能力，不能客观地评价别人的作用，逐渐会形成“独”的个性心理，偏离集体与社会，会出现严重的自私自利行为。

二是容易伤害别人。不知道尊重别人，更不会理解别人，甚至会恶意诋毁他人。

三是难辨是非。变得善恶难辨，在错误中继续犯错误，甚至失去理智，不能自拔，引发极端行为的发生。

更为重要的是，人如果有了爱表现心理，内心会始终处于高度的应激状态，大脑总是得不到休息，睡眠就会出现障碍，消化系统的功能也会降低，容易患心血管疾病，甚至引发精神疾病。

人之所以过于喜欢表现自己，大多是因为内心的浮躁产生的。

浮躁指轻浮，做事无恒心，见异思迁，不安分守己，总想投机取巧，成天无所事事，脾气大。

概括起来，浮躁分为三类：对现有目标的专注度不够、对现有目标的耐心度不足及现有的目标不切实际。

中国文化给人的感觉一直是沉稳、含蓄，就如太极拳般心平气和、不急不躁。

其实，自古以来，中国人都在劝诫戒骄戒躁。《论语》说："欲速则不达，见小利则大事不成。"还有"小不忍则乱大谋""三思而后行"等。如今，不少人似乎少了耐心，多了急躁；少了冷静，多了盲目；少了脚踏实地，多了急于求成。莫非现代社会的快节奏和高压力必然会助长浮躁之风吗？

从社会学理论上看，社会风气会影响社会中的每一个个体。要打破某种社会风气，同样需要社会个体的点滴努力。

浮躁是一种情绪，一种并不可取的生活态度。人浮躁了，会终日处在又忙又烦的应急状态中，会脾气暴躁、神经紧绷，长久下来，会被生活的急流所挟裹。凡成事者，要心存高远，更要脚踏实地，这个道理并不难懂。

怎样才能克服浮躁心理呢?

1.在攀比时要知己知彼。有比较才有鉴别。比较是人自我认知的重要方式，然而比较要得法，即“知己知彼”，知己又知彼才能知道是否具有可比性。例如，相比的两人能力、知识、技能、投入是否一样，否则就无法去比，硬要比得出的结论也会是不实的。有了这一条，人的心理失衡现象就会大大减低，也就不会产生那些心神不宁、无所适从的感觉。

2.要有务实精神。务实就是“实事求是，不自以为是”的精神，是开拓的基础。没有务实精神，开拓只是花拳绣腿，这个道理是人人应懂的。

3.遇事善于思考。考虑问题应从现实出发，不能跟着感觉走，看问题要站得高、看得远，做一个实在的人。

总而言之，克服浮躁、脚踏实地、戒骄戒躁、不紧不慢，是我们改善自己问题的好方法。

没问题，交给我你就放心吧

生活中，有些人喜欢大包大揽，遇到别人有求于他，他马上就会答应，却不考虑自己有没有能力帮别人解决问题。

“刘新，听说你准备去买火车票？帮我买两张到沈阳的，回头我给你钱。谢谢啊！”小于说。

“没问题，交给我你就放心吧！”刘新自信满满地答应着。

“刘新，帮我也买一张，这是我的身份证。”同事听后纷纷让他帮忙购买火车票。刘新依然一口一个应着“没问题，交给我你就放心吧。”

第二天早晨到了单位后，他很不好意思地对同事说：“实在抱歉，我昨天就买到了两个人的火车票，剩下的我没有买到，要不我今天再去吧！”同事有些失望地说：“算了，我们自己去买吧！”

听了同事的话，刘新不好意思地说：“以后有什么事你们再找我，绝对没问题，交给我你就放心吧！”

恰好这时他的一个客户过来了，对他说：“小刘，帮我看看我公司的机子哪儿出问题了。”他又一口应答：“没问题，交给我你就放心吧！”结果他弄了半天也没有查出问题到底出在哪里。

郭冬临曾经演过一个小品《有事您说话》。郭冬临在里面扮演的就是个把“有事您说话”挂在嘴边的人。虽然他很热情，乐于帮助别人解决麻烦，但他没有考虑自己的能力，所以为了办好别人的事情，他不得不花费很多的时间，甚至为了解决别人的麻烦，把自己应该做的事情都耽误了。

你不觉得“没问题，交给我你就放心吧”与“有事您说话”有异曲同工的意思吗？都是那么轻而易举地答应了别人的要求。“一诺千金”“君子存诚，克念克敬”无一不说明“诚信”的重量。如果按照金价每克435元计算，1000两黄金就是50000克，也就是说一句承诺等于21750000元人民币。你若实现你的承诺，你便是千万富翁，若无法实现承诺，那你就是“千万负翁”。

所以，不要轻易承诺，尤其是在你能力所不及的范围更不要轻易答应。许下的诺言就是欠下的债，你是想无债一身轻地生活，还是想背着沉重的债步履蹒跚地生活？没有人愿意选择后者吧？

在心理学界，有一个理论叫“诺言兑现法则”。这个理论认为，一千个兑现了的诺言也不及一个无法兑现的诺言给人留下的印象更深刻。所以，为人处世，一定不能透支自己的诺言！

如果你总是为了讨好周围的人不管不顾胡乱承诺一通，总有一天你会让周围的人都轻看你。他们会觉得你好大喜功、虚荣、没脑子、爱出风头，你说为了“没问题，交给我你就放心吧”一句话，你要付出多大的代价？因此，我们平时应从以下两个方面警醒自己：

1.承认你有无法做到的事情并不会损害你的形象，反而会让人们更加认可你，觉得你这个人很真实。至少他们不会觉得你无所不能、高高在上，你和他们一样，都会有做不到的事情，这让他们觉得与你的距离顿时拉近了。

2.凡事不能太过，过则成祸，量力而行就好。

你说行，那就行吧

独立的人格、自由的精神，历来是人们追求的一种理想的心理境界。但是，在现实中，独立和自由往往被“服从心理”所禁锢。

盲目的服从，让我们只能被动地接受别人的价值观念，虽生活在控制之中却不知道被控制，甚至有时会因为被控制而快活……

你可能会觉得上面的这些话有些危言耸听，“哪里会有人被控制而不自知的？”但是很多科学实验告诉我们，每个人其实都会很轻易地服从权威，做出一些违背自身意愿的事情。这种心态，在现实生活中叫“不得已”。

本不想卑躬屈膝迎合别人，但是上司要求，“不得已”；

本不想做一份不喜欢的工作，但是家人要求，“不得已”；

本不想和一个不喜欢的人谈恋爱，但是老妈要求，“不得已”。

……

这一个又一个的“不得已”，其实映射出了我们内心的“服从心理”。

从心理学的角度来看，“服从心理”是一个中性的词，并不属于“变态心理”或者是“负面心态”的范畴。

从猿人到远古的人类，然后到现代人类的发展过程中，人类都是生活在自己的种群、氏族、家族里。单独的人在野兽众多、危机四伏的自然环境中根本无法生存。所以，人类要在同类互相帮助的环境下才能生存。因此，“社会性”成为人类的天性。

所谓的“社会性”，就是心理学家荣格所说的“集体潜意识”，集体意识最重要的一点，就是让个人从属于团体，因此为了维系团体不因为意见不同而解散，人类就产生了“服从意识”。那些不愿意服从于集体的远古人类很难生存。

但是，对于现代人来讲，我们要意识到，“服从心理”具有一种不确定性。当你服从天使时，你就是天使；可是你服从魔鬼时，你也就是魔鬼。所以，我们的生活中，充满了在道德意识和服从“权威”（特指坏的“权威”）之间的挣扎，这也是对人性的最大考验。

如果一个人能清楚地认识到自己陷入了“服从心理”的怪

圈，并积极地寻求改变，那么就说明他已经迈出了第一步。

只要有决心，你就会发现，克服服从心理并没有那么困难。其实在你的内心，有两个自己。一个在说："我该自己拿主意，该有自己的想法。"而另一个则说："我怕后悔，我怕担负责任。"因此，你的内心是矛盾的。

要想让自己从这种状态中走出来，就应该避免以下几点：

1.迷信权威。权威不可能总是正确的，如果任何事都按照权威的建议去做，而不愿意主动思考，很容易把分析的方向弄错。

2.轻率概括。缺乏独立思考能力的人，常常单凭一些道听途说的言论就得出结论。这不符合逻辑规范，因而很容易出错。

3.自欺欺人。不能正确认识自己的能力，不能对自己的具体情况进行客观分析，按照固有思维去分析问题，无异于自欺欺人。

事实上，大部分人都会对自己的现在或将来充满忐忑，但你一定要鼓起勇气，亲自做出决定。

这年头，道义能卖几个钱

为了一笔钱，小李坑了自己认识多年的一个朋友。身边的人对他说：“你这么做是不是有点不仗义？”

小李则回答说：“这年头，道义能卖几个钱？”

“道义能卖几个钱？”这句话直接反映了一个人内心道德感的缺失。

道德是一种规则，同时也是一种心理认知。很多古代哲学家就已认识到了道德与认知的关系。苏格拉底倡导“德智统一论”，他说“智者就是善者”，意思是说，拥有智慧的人是善良的，因为一切恶行都来自人的愚昧无知。后来，柏拉图继承和发展了苏格拉底的这种思想，认为只有理性的人才可能是善良的。柏拉图在他的著作《理想国》中列举美德的表现形式时，除了谈到节制、勇气和正义之外，还特别强调了理性良知的重要性。他认为，作为一种向善的品性，美德必然要和智慧结合起来。

而亚里士多德为了使美德的观念更加明确，把美德分成了道德美德和知性美德两个层次。他列举了五种知性，其中包括理解力，即获得知识、辨别、判断和解释等方面的智力。

但是，我们生活中的许多事例似乎不能证明哲学家们“道德和智慧共存”的理论。因为在我们的世界中，那些充满智慧的坏人似乎随处可见。而且，这种人如果道德沦丧的话，最为可怕。他们会凭借自己的智慧，做出一些危害性更大的恶行。这样的例子不胜枚举，希特勒就是一个典型。这个人的智商和情商都非常高，他的演讲充满了振奋人心的力量。但是他却是一个十恶不赦之徒，给世界带来了灾难。

那么，我们是不是就能断定哲学家的说法就完全错误了呢？也不是。因为，在哲学家的眼中，智慧很大程度上指的是“道德认知”，包括道德观念、道德判断和道德推理，这是道德心理结构中最关键的因素。

一个人如果不具备一定的智商，就很难认识到什么是正确的道德，很难合理地解决道德冲突。这个道德认知又不是一种一般的智商。一般的智商主要指的是形式逻辑的思维过程，而道德的智慧，指的是伴随善良的愿望和自我反省等高层次社会意识的良知。由此可见，那些作恶多端或者是投机取巧的人，他们也是拥有高智商的，但是他们缺乏一种伴随善良愿望的知性，因而没有能形成正确的道德认知。

我们作为一个社会人，在提升自己能力的同时，也一定不要忘了提升自己的道德认知。说得通俗一点，就是做事情要有原则、有底线。

一个没有原则的人，为了达到目的不择手段，很难具备高的道德水准。他们虽然可能会获得暂时的成功，但是迟早要受到惩罚。因为道德本来就是一种规则，这种规则虽然不像法律那样具有强制性，但是却是被人普遍认可的。

违反了道德，就失去了他人的认可，也失去了他人的支持，到最后受损失的还是自己。比如说，一个人通过诈骗，得到了很多好处。但是，以后无论他说什么，都不会有人信，也没有人愿意与他合作。你说到最后他是获益了还是受害了？这样的人是聪明还是愚蠢？不道德，终究是要付出代价的，谁也逃不掉。

社会大众对道德是有“感情”的，这就是我们所说的“道德感”。我们都有识别善良和丑恶的能力。比如说，人类心理中的崇敬和鄙视、同情和憎恨，都是明显的道德感。正因如此，我们的道德行为不是抽象的，它与我们的生活有密切的关联：在大街上，你看到一个小偷在偷东西，且不说你敢不敢挺身而出，首先从心理上你就痛恨他、鄙视他。这就是你的道德感。

拥有了这种道德感，即便你出于对自身安全的考虑，没有出面制止，也不能否认你的道德感。

道德其实很宽容，不见得你事事亲为，只要求你有正确的认知。通俗点儿说就是，你可以不行善，但是不要否认行善者的德行，仅此而已。

不过，人来世间走一遭，在道德方面还是应该对自己有所约束。

是我的，我就一定要拿到手

在现实生活中，有太多的人活得太累，尤其是遭遇挫折和困境的时候，忘了感恩，不肯放手，只是一味地贪婪，一味地自寻烦恼，永远无法抛却世事的纷繁和无谓的负累，只能背着重大的包袱向前走。这样下去，人生不仅没有快乐，而且也欣赏不到路边美丽的风景。

“五一”这天，周灿和妻子到效外的植物园游玩。下午两点，两人正玩得尽兴，周灿忽然发现手机上有一条未读短信，打开一看，是小区物业发来的：“亲爱的业主，值此佳节之际，××物业将展开‘劳动光荣，好礼酬谢’活动。每位业主可在五月一日当天下午六点前，到物业部领取大米一袋，每户限领一份，先到先得，请您积极参与。如未能在下午六点前领取礼品，敬请期待下次活动，祝您生活愉快！”

看完短信后，周灿马上对妻子说：“咱们在植物园游览了好几个小时，也都累了，不如早点回去吧。正巧物业今天给业主赠送大米，截止时间是下午六点，回去晚了就领不到了。”

妻子撒娇说：“哎呀，好不容易出来一趟，你再多陪我玩一会儿嘛。这里百花争艳、鸟叫虫鸣，我们可不能辜负了这般风景啊。再者说，一袋大米值不了多少钱，领不到就算啦！”

周灿说：“不行，是我的，我就一定要拿到手。明明有机会拿到，为什么要算了？”

妻子拗不过他，只好悻悻地跟着他提早回去领大米，出游的好心情一下全没了。

“是我的，我一定要拿到手。”这句话听起来好像没有什么错误，但是，仔细想想，说这句话的人是不是因为内心的顽固和不懂得放弃？

我们执着于取舍、得失，就会变得拿得起、放不起。因此，我们才会觉得，这世界上有些东西天生就该是属于自己的，我们才会变得贪婪而固执。

我们需要做的是，每天为自己找一个安静的地方，在一个安静的时刻静心、悟心、洗心，同时一一清除掉抖落出来的各种包袱。要知道，如果不舍得丢掉这些包袱，我们就会为其分散精力，扰乱心思，也会导致我们离目标渐远，甚至走上岔路。

如果想要知道贪婪的坏处，我们可能需要了解一个心理学的定义——卡贝定律。

卡贝定律又叫卡贝定理，它是由美国电话电报公司前总裁卡贝提出的。卡贝定律是说，放弃有时比争取更有意义。

在这个现实的社会，有些人为了种种原因，参与到你争我斗的大染缸中，认为只有不断地争斗才能获得生存的空间。其实不然，有时候，放弃也是一种生存的哲学。

如果天天紧绷神经，只想着为蝇头小利去争斗，不但辛苦，而且得不偿失。不错，现实是复杂和残酷的，你必须有十二分的防备，你不可以说错话，不可以做错事，不可以给别人留下把柄。但这并不是说，你必须用更多的诡计去陷害更多的人，去树立更多的敌人。

NBA有一句著名的话："精彩看进攻，夺冠看防守。"

如果用阴谋诡计去整人是进攻的话，那么保护自己更好地生存就是防守。一个人如果只重视与人斗争，老是想着去进攻的话，那么他的生存环境必然很糟糕，他身边到处都是敌人，而他在斗争的过程里，一定会露出不少破绽。

不可否认，有时候为了生存，不得不争斗，但是如果换种方式能获取更大的发展空间，又何必把时间和精力浪费在无谓的争斗上？这样做也会损人不利己啊！人的第一需要永远都是生存，但靠要诡计、争斗去生存确实极具风险，甚至得不偿失。

不争，也有你的世界，所以，请注意以下两点：

1.不计较、不比较，必然多助多缘。“不计较”是一种良好的心理品质，是一种不计较个人得失、重视大局的修养，更是一种人生的至高境界，智者往往追求这种境界，总会赢得人们的赞赏和拥护。

2.学会放过自己。世界由矛盾组成，任何人或事情都不会尽善尽美，如果一遇到不愉快就不放过别人的小小过失，非但抚不平自己心中的伤痕，还会将自己和别人一同捆绑在“争吵的战车”上，无休止地争斗下去。而“不计较”的心态，不仅仅“放过”了别人，也“放过”了自己，这样才能“宽心”，获得快乐。

其实我很尊重你……

在现在这个社会中，很多人都相信：世故的要义是圆通，人缘的技巧是玲珑。凡尘俗世间，涨落涤荡，把人本性中的棱角渐渐磨去。生命的岸边，一眼望去，都是浑圆光滑的鹅卵石，人们美其名曰“成熟”。

于是，人们变得圆滑，开始学会为了达成某种目的，而刻意去讨好一些人。一时间，我们再也不知道自己说出口的赞美之词是发自真心的歌颂，还是怀有目的的奉承。所以，我们开始把“我很喜欢你”“我很尊重你”这样的话挂在嘴边，无节制地滥用。

王鑫最喜欢说的一句话就是：“我很尊重你。”

在和领导谈话的时候，他时不时地蹦出一句“我很尊重您”。领导当时自然是非常高兴，但是事后却不免暗想：把尊重挂在口头上说出来，是个啥心态呢？

在和同事聊天的时候，王鑫也总是强调“我很尊重你”。同事感觉这句话来得非常突兀，心想：正所谓无事献殷勤，非奸即盗，他这是想干吗？

动不动就说“我很喜欢你……我很尊重你……”，就是有些在刻意地讨好他人，可能是因为人的奉承心理在作祟。所谓的奉承，就是人们常常说的“拍马屁”。

奉承心理是人类社会中的一种普遍心理，我们不能说这种心理完全是负面的，但是也不应该鼓励和发展它。

德国某杂志称，某大学心理学家们通过实验发现：空中小姐、售货员、推销人员都非常喜欢刻意地奉承别人。心理学家们据此认为，喜欢奉承别人的人，大都是那些需要压制自己真实情感并希望在人际交往中达成某种目的的人。

虽然，这个论断带有“职业偏见”，但不可否认，奉承心理有时是出于自私的目的。有的人是为了赚钱，有的人则是想要以小博大。爱奉承的人，他们往往不会在自己的事业上真抓实干，在业务上也不可能具有拔尖的才能，更缺乏优良的品格。因此，他们没有出人头地的资本，便会选择阿谀奉承，作为自己上位的手段。

我们不是不能赞美别人，只是要付出自己的真诚。为了赞美而赞美，是不负责任的奉承。若要掌握好赞美的度，应该注意以下几点：

1.对别人的意见，不要不经思考地就表示赞同，要给自己一点时间，去真正思考他人的意见，而后再给出反应。

2.人际关系不是固定的，如果你的实惠是通过溜须拍马得到的，那么如果想要保持现有的实惠，就必须重复自己的一系列行为。一旦你不愿意继续，就会适得其反，前功尽弃。可见，奉承就好像走钢丝一样，具有非常大的风险性。与其花费精力拍马屁，花费金钱“进贡”，倒莫如摒弃异想天开，踏踏实实地做好自己的工作。

3.对于那些不值得赞美的人，就不必去赞美。虚伪地奉承，会让你自己陷入无法摆脱的困境中。千万不要为了赞美而赞美。

哎，我这个人就是时好时坏的

生活在纷繁的尘世中，不是人人都能心想事成、随心所欲，产生各种好情绪、坏情绪都是正常的。

情绪是人类与生俱来的，喜怒哀乐，不用他人教就会，并且会伴随人的一生。好情绪让人自信快乐，是成功的助推器；坏情绪则让人自卑消极，是失败的导火线。人生中不顺心、不如意的事情常有，主要在于我们的心态，在于我们如何想、如何看。

有时候，我们似乎无法控制自己的情绪，刚才还好好的，瞬间心情就可能低落下来，连自己也不知道是什么原因。

朋友聚会上，一帮人正在兴高采烈地谈天说地。

一开始莉娜也非常积极地和大家聊天，可是过了一会儿，人们发现，她的脸突然沉了下来。大家都在想，是不是什么地方得罪了她呀，所以都变得非常小心起来，聚会的气氛也瞬间降至冰点。

终于，有人忍不住问："莉娜，我们是不是什么地方惹你不高兴了呀？"

莉娜说："没有啊，哎，你们不要管我，我这个人就这样，心情时好时坏的。"

人的情绪，不仅在短时间内呈现出非常大的波动，而且从长期来看，这种波动似乎呈现由高涨到低落再到高涨的周期性变化。这就是心理学界所说的"心理摆效应"。

通常来讲，心智不够成熟，不善于调节自己情绪的人，心理摆效应的表现就越是明显。

要想克服心理摆效应，就要有意识地记录自己情绪起伏的状况，以确定情绪变化的周期。按照周期性安排自己的事情，这样能够有效地避免因心理摆效应耽误重要事项。

调节情绪是一项生存的技能，也是一种智慧的挑战。只有找到好的情绪调节方法，才能掌控情绪、驾驭情绪。

每个人都要学会做一个"情绪调节师"，可以参考以下几点建议：

1.转移情绪法。在工作和生活中，每个人都难免会遇到挫折和失误，自然也少不了烦恼或悲伤。因此，越不开心，越需要转移注意力，及时发泄情绪。如果与人发生争吵，不妨暂时离开，换个环境，换个心情。

2.自我沟通。写日记既可以与自己对话，找到问题的症结，又可以发泄一下自己的情绪。通过写日记来达到自我沟通的效果，是一种相当安全的发泄方式。

3.发掘兴趣。兴趣是让人保持良好心理状态的重要条件。一个人的兴趣越广泛，生活就越丰富，人也会活得越充实、越有活力，心理压力也就越来越少。比如，同一工作岗位上的两个人，一个觉得每天激情四射，一个却觉得枯燥无味，有激情的那个人必然是把工作当成了兴趣在做。

你要明白，聚散、苦乐都是人生的一部分。你不可能永远生活在激情、浪漫、刺激等理想的氛围中，如果对平凡生活状态总是心存排斥，心情难免就会大起大落。

总而言之，就是要用一颗平常心去对待自己的生活。别总是奢望不平凡的际遇发生在自己身上，因为奢望带来的往往是巨大的失望，会让我们的心情难以平复。